CW01676698

Exquises Mignardises

To Rach,

I saw this book full of delicious gateaux and thought of you! May we have many more baking sessions in Bordeaux & of course Exeter when we are feeling nostalgic!

love ya, bisous

Sophie
xoxox

Exquises Mignardises

sommaire

Amaretti et leurs variations

Préparation : 30 minutes • Cuisson : 25 minutes • Difficulté : ★ Budget : ★★

Pour 20 pièces par parfum

Les classiques

- 2 blancs d'œufs
- 160 g de poudre d'amandes
- 180 g de sucre glace
- 3 gouttes d'extrait d'amande amère

Aux pistaches

- 2 blancs d'œufs
- 80 g de poudre d'amandes
- 180 g de sucre glace
- 1 cuil. à café de pâte de pistaches
- 50 g de pistaches mondées hachées
- 80 g de poudre de pistaches

Aux noisettes

- 2 blancs d'œufs
- 80 g de poudre d'amandes
- 100 g de poudre de noisettes
- 180 g de sucre glace
- 80 g de noisettes

Versez les blancs d'œufs dans un saladier et fouettez-les légèrement, juste pour les casser ; ne les montez surtout pas en neige. Préchauffez le four à 150 °C (th. 6).

Tamisez la poudre d'amandes et 160 g de sucre glace et ajoutez-les aux blancs d'œufs ainsi que l'extrait d'amande amère. Mélangez jusqu'à obtention d'une boule de pâte légèrement collante. À l'aide d'une cuillère à café, prélevez des petites portions de pâte et formez des petites boules de la taille d'une grosse noix. Roulez les boules de pâte dans le sucre glace restant et placez-les sur une plaque de cuisson recouverte de papier sulfurisé. Mettez au four pour 20 minutes.

Pour les amaretti aux pistaches, mélangez de la même façon les ingrédients, formez les boules que vous roulerez soit classiquement dans du sucre glace soit dans des pistaches hachées.

Pour les amaretti aux noisettes, torréfiez 20 noisettes pendant 5 minutes sous le gril du four (attention, cela va très vite) et une fois refroidies, placez-les au milieu des amaretti. Roulez enfin les biscuits dans un mélange de sucre glace et de poudre de noisettes.

Conseil : pour des amaretti au chocolat, ajoutez 1 cuil. à soupe de cacao non sucré à la recette classique et retirez l'amande amère.

Amaretti au NUTELLA®

Préparation : 15 minutes • Cuisson : 20 minutes • Difficulté : ★ Budget : ★

Pour 20 amaretti environ

- **180 g de poudre d'amandes**
- **250 g de sucre glace**
- **2 blancs d'œufs**
- **Extrait d'amande amère**
- **100 g de NUTELLA®**

Préchauffez le four à 150 °C (th. 5).

Dans un saladier, mélangez la poudre d'amandes avec 150 g de sucre glace. Ajoutez les blancs d'œufs et quelques gouttes d'extrait d'amande amère. Mélangez bien l'ensemble.

Avec vos paumes de main, réalisez de petites boules puis roulez-les dans une assiette remplie avec le reste de sucre glace.

Répartissez les amaretti sur une plaque de cuisson recouverte de papier sulfurisé.

Enfournez pour 20 minutes de cuisson. À la sortie du four, laissez les amaretti refroidir.

Déposez le Nutella dans une poche à douille et décorez les amaretti.

Baby cupcakes

Préparation : 10 minutes • Cuisson : 12 minutes • Difficulté : ★ Budget : ★

Pour 30 baby cupcakes

- 2 œufs
- 100 g de sucre
- 1 cuil. à café d'extrait de vanille liquide
- 100 g de beurre
- 100 g de farine
- ½ cuil. à café de levure chimique

Pour la crème

- 50 g de beurre
- 100 g de sucre glace
- ½ cuil. à café de lait
- Vanille liquide

Pour le décor

- Fleur en sucre (ou en pâte d'amandes)

Préchauffez le four à 180 °C (th. 6).

Placez des petites caissettes dans des moules rigides.

Fouettez les œufs et le sucre au batteur électrique jusqu'à obtenir une pâte blanche et mousseuse. Ajoutez l'extrait de vanille.

Faites fondre le beurre 20 secondes au micro-ondes. Mélangez la farine avec la levure chimique. Incorporez le beurre puis le mélange sec à la préparation précédente.

Déposez la pâte dans une poche à douille puis répartissez-la dans les caissettes.

Enfournez pour 12 minutes (les cupcakes doivent être juste dorés) et laissez refroidir sur une grille.

Préparez la crème au beurre. Fouettez le beurre et le sucre glace. Si la consistance vous paraît trop sèche ajoutez 1 cuil. à café de lait pour assouplir la crème. Ajoutez la vanille liquide.

Déposez la crème au beurre sur les baby cupcakes avec le dos d'un couteau puis décorez avec des fleurs en pâte à sucre ou en pâte d'amandes.

Conseil : avec cette quantité de pâte vous obtiendrez 6 à 8 cupcakes standard. Prolongez alors le temps de cuisson de 10 minutes. Il existe désormais des caissettes en papier de toutes les tailles qui n'ont pas besoin de support et qui tiennent toutes seules. Vous en trouverez sur Internet sans problème.

Bavarois aux fraises et à la pistache

Préparation : 1 heure • Repos : 6 heures • Cuisson : 25 minutes • Difficulté : ★★ Budget : ★

Pour 30 pièces

Pour le financier

- **100 g de beurre**
- **115 g de poudre d'amandes**
- **90 g de sucre glace**
- **30 g de farine**
- **1 cuil. à soupe de pâte de pistaches**
- **3 blancs d'œufs**
- **4 cuil. à soupe de confiture de fraises**

Pour la mousse aux fraises

- **150 g de fraises**
- **2 feuilles de gélatine**
- **60 g de sucre**
- **1 blanc d'œuf**
- **15 cl de crème fleurette**

Pour la décoration

- **20 cl de coulis de fraises**
- **2 feuilles de gélatine**
- **100 g de pistaches fraîches**

Faites fondre le beurre et réservez. Mélangez la poudre d'amandes, le sucre glace, la farine et la pâte de pistaches. Ajoutez les blancs d'œufs puis le beurre fondu. Versez dans un moule rectangulaire d'environ 20 x 18 cm légèrement beurré ou en silicone. Faites cuire 15 minutes à 180 °C (th. 6). Laissez refroidir. Placez le financier dans un cadre ou un moule à bords droits et tartinez de confiture de fraises. Réduisez les fraises en purée. Portez à ébullition et ajoutez la gélatine ramollie dans l'eau froide. Versez le sucre et 2 cl d'eau dans une casserole et portez à ébullition jusqu'à 120 °C. Pendant ce temps, montez le blanc d'œuf en neige. Versez le sirop de sucre bouillant sur le blanc d'œuf tout en continuant de fouetter au minimum (évitez le fouet électrique pour qu'il n'y ait pas d'éclaboussures). Continuez de battre à grande vitesse jusqu'à refroidissement. Ajoutez cette meringue à la purée de fraises. Montez la crème fleurette en chantilly et ajoutez-la au mélange.

Versez cette mousse sur le financier, lissez la surface et laissez prendre 3 heures au réfrigérateur. Faites chauffer le coulis de fraises et ajoutez la gélatine ramollie dans l'eau froide. Laissez tiédir et versez sur la mousse. Placez le bavarois au congélateur 3 heures au minimum. Démoulez le bavarois en passant un couteau tout autour pour le décoller des parois, puis coupez des carrés de 3 cm de côté et décorez de quelques pistaches fraîches. Conservez au frais.

Conseil : vous pouvez passer votre couteau sous l'eau chaude pour faciliter la coupe. Néanmoins, essuyez-le bien entre chaque coupe pour avoir des côtés bien propres.

Beignets au NUTELLA®

Préparation : 15 minutes • Repos : 2 h 30 • Cuisson : 30 minutes • Difficulté : ★ Budget : ★

Pour 20 beignets

- **150 g de NUTELLA®**
- **100 g de beurre**
- **500 g de farine**
- **1 sachet de levure de boulanger déshydratée**
- **2 œufs**
- **50 g de sucre**
- **15 cl de lait**
- **Huile à frire**

Placez le Nutella au réfrigérateur pour qu'il durcisse un peu.

Faites fondre le beurre.

Dans un saladier, mélangez la farine avec la levure, les œufs, le beurre fondu, le sucre et le lait. Pétrissez bien pour obtenir la consistance d'une pâte à brioche.

Laissez reposer la pâte à couvert dans un endroit assez chaud et sans courants d'air. Patientez 1 h 30, la pâte va ainsi doubler de volume.

Étalez la pâte et découpez des petits ronds de taille égale. Déposez au centre 1 cuil. à café de Nutella puis refermez chaque rond pour former une boule.

Laissez lever pendant 1 heure.

Faites chauffer l'huile dans une friteuse ou un wok et plongez-y les beignets. Laissez cuire chaque beignet 6 à 8 minutes.

Égouttez les beignets sur du papier absorbant et saupoudrez-les de sucre avant de déguster.

Bouchées à la framboise

Préparation : 5 minutes • Cuisson : 20 minutes • Difficulté : ★ Budget : ★★

Pour 4 personnes

- **80 g de framboises**
- **15 cl de crème liquide allégée**
- **1 cuil. à soupe de fructose**
- **25 g de semoule de blé dur fine**

Lavez les framboises. Mettez-les dans le blender avec la crème et mixez jusqu'à ce que ce soit lisse.

Ajoutez le fructose et la semoule.

Laissez gonfler un moment, le temps de préchauffer le four à 180 °C (th. 6).

Versez dans des petits moules en silicone individuels et mettez au four pendant 20 minutes.

Laissez refroidir puis démoulez.

Conseil : choisissez plutôt ce dessert en phase 3 du programme.

Bouchées au chocolat

Préparation : 10 minutes • Cuisson : 30 minutes • Difficulté : ★ Budget : ★

Pour 6 personnes

Pour le biscuit
- 2 œufs
- 100 g de sucre
- 80 g de chocolat noir
- 75 g de beurre
- 120 g de farine
- 40 g de pralin en poudre

Pour la crème
- 2 jaunes d'œufs
- 40 g de sucre
- 17 cl de lait concentré non sucré
- 12 cl de crème liquide entière
- 125 g de chocolat noir à 60 % de cacao
- 2 cuil. à café de Cointreau®
- 1 cuil. à café d'agar-agar

Pour le décor
- Cacao amer en poudre

Préparez le biscuit. Fouettez les œufs avec le sucre jusqu'à ce que le mélange blanchisse. Faites fondre le chocolat avec le beurre. Ajoutez le mélange œufs-sucre, la farine et le pralin en poudre en mélangeant énergiquement. Sur une plaque recouverte de papier sulfurisé, versez la pâte et enfournez à 175 °C (th. 5-6) pour 13 à 15 minutes. Laissez refroidir puis décoller le papier. Réservez.

Préparez la crème. Blanchissez les jaunes avec le sucre, faites chauffer le lait et la crème. Délayez le mélange œufs-sucre avec un peu de crème puis verser le reste et laissez cuire quelques minutes sans cesser de remuer. Faites fondre le chocolat et incorporez-le à la crème anglaise chaude, ajoutez le Cointreau ainsi que l'agar-agar dissout dans un peu d'eau. Mélangez.

Découpez le biscuit en bandes de 10 cm. Superposez en alternant un biscuit avec une couche de crème au chocolat. Répétez l'opération 2 fois.

Saupoudrez de cacao amer et découpez des petits cubes de 2 cm de côté.

Briochettes aux pépites de chocolat

Préparation : 15 minutes • Cuisson : 25 minutes • Levée 1 : 1 h 30 • Levée 2 : 2 heures • Difficulté : ★ Budget : ★

Pour 6 briochettes

- 15 cl de lait
- 1 œuf
- 1 cuil. à café de sel
- 70 g de beurre
- 60 g de sucre
- 300 g de farine
- 1,5 cuil. à café de levure de boulanger déshydratée
- 60 g de pépites de chocolat
- 1 jaune d'œuf

Mettez tous les ingrédients dans la cuve de la machine à pain selon l'ordre indiqué, excepté les pépites de chocolat que vous ajouterez au signal sonore.

Sélectionnez le programme « Pâte ».

À la fin du programme, la pâte a doublé de volume. Déposez-la sur un plan de travail légèrement fariné. Travaillez légèrement la pâte et divisez-la en 6 pâtons. Formez 6 boules et déposez-les sur une plaque de cuisson légèrement farinée ou recouverte de papier de cuisson. Laissez lever ces préparations, recouvertes d'un torchon, dans un endroit tempéré et à l'abri des courants d'air. La pâte doit doubler de volume, ce qui prend 2 heures environ.

Préchauffez le four à 180 °C (th. 6).

Badigeonnez la brioche du jaune d'œuf dilué avec 2 cuil. à café d'eau.

Enfournez pour 25 minutes. La brioche doit dorer uniformément.

Conseil : vous pouvez utiliser des pépites de chocolat noir ou au lait, ou bien les remplacer par des pépites de sucre ou des raisins secs.
Pour une cuisson en machine à pain : Sélectionnez le programme « Pain normal » ou « Pain sucré », puis le poids et la couleur de la croûte.

Cannelés

Préparation : 15 minutes • Repos : 12 heures • Cuisson : 1 h 10 • Difficulté : ★ Budget : ★

Pour 30 petites pièces

- **100 g de beurre**
- **1 l de lait**
- **1 gousse de vanille**
- **4 œufs**
- **4 jaunes d'œufs**
- **500 g de sucre**
- **200 g de farine**
- **2 cuil. à soupe de rhum**

Faites fondre le beurre et réservez.

Faites bouillir le lait avec la gousse de vanille fendue en deux.

Fouettez les œufs, les jaunes d'œufs et le sucre jusqu'à ce que le mélange blanchisse. Ajoutez la farine, puis le lait (en ayant récupéré les graines de vanille et retiré la gousse), le rhum et enfin le beurre tiédi. Couvrez et laissez reposer une nuit au réfrigérateur.

Le lendemain, préchauffez le four à 270 °C (th. 9). Versez la pâte dans des moules à cannelé en les remplissant aux deux tiers et enfournez pour 10 minutes puis 50 minutes à 180 °C (th. 6). Démoulez rapidement.

Conseil : pour une cuisson traditionnelle, utilisez des moules en cuivre mais, à défaut, des moules en silicone seront parfaits et le démoulage très facile.

Carrés feuilletés aux pépites de chocolat

Préparation : 30 minutes • Repos : 2 h 30 • Cuisson : 20 minutes • Levée 1 : 1 h 30 • Levée : 2 heures • Difficulté : ★★★ Budget : ★

Pour 8 viennoiseries

- **20 cl de lait**
- **1 cuil. à café de sel**
- **30 g de sucre**
- **400 g de farine blanche**
- **1,5 cuil. à café de levure de boulanger déshydratée**
- **100 g de pépites de chocolat**
- **150 g de beurre (pour le feuilletage)**
- **1 jaune d'œuf**

Mettez tous les ingrédients, sauf le beurre pour le feuilletage et le jaune d'œuf, dans la cuve de la machine à pain selon l'ordre indiqué. Sélectionnez le programme « Pâte ». Au signal sonore, ajoutez les pépites de chocolat.

À la fin du programme, versez la pâte sur un plan de travail fariné, formez une boule que vous laisserez reposer 2 heures au réfrigérateur dans un saladier recouvert d'un film alimentaire.

Le temps de repos écoulé, étalez la pâte sur un plan fariné en un grand rectangle d'environ 40 x 20 cm, deux fois plus épais au centre. Déposez le beurre tempéré au centre en un rectangle. Rabattez chaque côté de pâte sur le beurre (comme un portefeuille). Soudez les bords par une pression des doigts. Faites un quart de tour avec la pâte et étalez-la doucement en commençant par des pressions à l'aide du rouleau puis roulez en un grand rectangle. Pliez-la à nouveau en 3 (tour simple) et replacez au frais 30 minutes. Renouvelez l'opération 3 fois.

Étalez la pâte sur 0,5 cm d'épaisseur et découpez 8 carrés d'environ 10 x 10 cm. Placez-les sur une plaque recouverte d'une feuille de cuisson, en les espaçant bien les uns des autres. Laissez les carrés lever 2 heures, recouverts d'un torchon, dans un endroit tempéré et à l'abri des courants d'air.

Préchauffez le four à 210 °C (th. 7). Badigeonnez les carrés du jaune d'œuf dilué avec 2 cuil. à café de lait. Mettez au four 20 minutes.

Laissez refroidir sur une grille.

Choux tout chocolat

Préparation : 1 heure • Repos : 30 minutes • Cuisson : 30 minutes • Difficulté : ★★ Budget : ★

Pour 10 personnes

Pour la crème
- 50 cl de lait
- 120 g de sucre
- 3 jaunes d'œufs
- 1 œuf
- 40 g de Maïzena®
- 100 g de chocolat noir

Pour les choux
- 12,5 cl de lait
- 100 g de beurre
- ½ cuil. à café de sel
- 130 g de farine
- 30 g de cacao en poudre
- 5 œufs

Pour le glaçage
- 10 cl de crème liquide entière
- 120 g de chocolat noir

Préparez la crème : chauffez le lait avec la moitié du sucre. Fouettez les jaunes d'œufs, l'œuf et le reste de sucre, puis ajoutez la Maïzena. Versez le lait chaud sur les œufs puis remettez le tout à épaissir à feu doux.

Ajoutez le chocolat et mélangez jusqu'à ce qu'il soit totalement fondu. Filmez au contact et laissez refroidir à température ambiante.

Préparez les choux : faites bouillir le lait et 12,5 cl d'eau avec le beurre coupé en dés et le sel. Quand le beurre a totalement fondu, ajoutez hors du feu, en une seule fois, la farine et le cacao. Mélangez bien, remettez sur feu doux et mélangez pendant 1 minute pour sécher la pâte. Versez la pâte dans le bol du robot et ajoutez les œufs un à un en mélangeant bien. À l'aide d'une poche munie d'une douille n° 10, formez des petits tas sur une plaque de cuisson recouverte de papier sulfurisé. Lissez la petite pointe, en les badigeonnant avec un peu de lait. Mettez-les à cuire 30 minutes à 180 °C (th. 6), sans jamais ouvrir le four (surtout pendant les 15 premières minutes). Garnissez les choux de crème en les perforant par le dessous. Placez-les au frais 30 minutes. Préparez le glaçage : faites bouillir la crème et versez-la en trois fois sur le chocolat râpé en mélangeant bien entre deux.

Sortez les choux du réfrigérateur, trempez-les dans le glaçage puis replacez-les au frais. Si besoin, placez la ganache sur un bain-marie pour éviter qu'elle ne durcisse trop vite.

Cigares au NUTELLA®

Préparation : 30 minutes • Cuisson : 25 minutes • Difficulté : ★ Budget : ★

Pour 4 personnes

- **60 g de noisettes**
- **4 feuilles de brick**
- **1 pot de NUTELLA®**
- **40 g de beurre**
- **30 g de poudre de noisettes**

Torréfiez les noisettes sur une plaque de cuisson 10 minutes à 180 °C (th. 6). Laissez refroidir.

Coupez les feuilles de brick en deux. Placez 2 cuil. à café de Nutella au centre d'une demi-feuille en formant une ligne. Placez 3 noisettes puis rabattez les côtés et roulez la feuille de brick pour former un cigare.

Passez rapidement le beurre au micro-ondes pour qu'il fonde. Badigeonnez-en le dernier centimètre pour bien fermer et placez les cigares sur une plaque recouverte de papier de cuisson. Badigeonnez de beurre fondu, saupoudrez de poudre de noisettes.

Mettez au four 15 minutes à 210 °C (th. 7), les cigares doivent bien dorer. Laissez refroidir.

Cornet chocolaté

Préparation : 45 minutes • Repos : 4 heures • Cuisson : 10 minutes • Difficulté : ★★ Budget : ★

Pour 6 personnes

Pour la ganache
- 20 cl de crème liquide entière
- 150 g de chocolat noir

Pour les cornets
- 3 feuilles de brick
- 80 g de beurre

Pour le montage
- 50 g de chocolat noir
- 3 cuil. à soupe de vermicelles en chocolat (colorés)
- 6 billes chocolatées

Mettez 10 cl de crème à chauffer puis versez-la en 3 fois sur le chocolat en mélangeant bien à chaque fois. Lorsque la préparation est homogène, ajoutez le restant de crème froide et placez-la au frais 4 heures minimum (vous pouvez le faire la veille).

Coupez les feuilles de brick en 4 triangles, taillez légèrement l'arrondi pour obtenir un bord bien net. Badigeonnez-les de beurre fondu, roulez-les sur des cornets en inox. Déposez-les sur une plaque de cuisson côté jointure.

Placez les cornets dans un four chauffé à 180 °C (th. 6) pendant 10 minutes pour qu'ils soient bien dorés. À la sortie du four, attendez 10 minutes puis retirez délicatement le cornet inox et laissez refroidir sur du papier absorbant.

Mettez le chocolat à fondre et trempez le haut de chaque cornet sur 2 ou 3 mm puis passez-les dans les vermicelles. Laissez durcir.

Au moment de servir, fouettez la ganache au batteur électrique afin d'obtenir une sorte de chantilly chocolatée. Placez une bille chocolatée au fond de chaque cornet puis remplissez-les de ganache. Servez rapidement.

Conseil : prévoyez plus de cornets car il peut y avoir de la casse au démoulage !

Cornets gourmands

Préparation : 30 minutes • Repos : 2 heures • Cuisson : 10 minutes • Difficulté : ★★ Budget : ★

Pour 12 pièces

- **80 g de chocolat blanc**
- **10 cl de crème liquide**
- **60 g de beurre**
- **50 g de sucre**
- **70 g de farine**
- **2 blancs d'œufs**
- **2 cuil. à soupe de pistaches fraîches**
- **100 g de fraises**
- **100 g de framboises**

Faites fondre le chocolat blanc avec la crème, 3 fois 30 secondes au four à micro-ondes en mélangeant bien à chaque fois. Réservez cette ganache au frais 2 heures.

Travaillez le beurre en pommade et mélangez-le avec le sucre. Ajoutez la farine puis les blancs d'œufs.

Étalez la pâte pour former des disques de 8 cm de diamètre, en couche très fine sur une plaque de cuisson recouverte d'une feuille de papier sulfurisé. Saupoudrez de pistaches hachées et mettez au four 10 minutes à 150 °C (th. 5).

Dès la sortie du four, décollez les biscuits un à un et roulez-les pour former des cornets. Ne faites cuire que 5 disques à la fois car ils durcissent très vite à la sortie du four.

Montez la ganache au batteur électrique. Équeutez et coupez les fraises en petits morceaux et remplissez les cornets de ganache montée et de fruits. Servez aussitôt.

Conseil : préparez tous vos ingrédients à l'avance mais ne garnissez les cornets qu'au moment de servir.

Crèmes brûlées

Préparation : 20 minutes • Cuisson : 35 minutes • Difficulté : ★★ Budget : ★

Pour 12 pièces

- **2 jaunes d'œufs**
- **30 g de sucre**
- **15 cl de crème liquide entière**
- **Vanille en poudre**
- **Sucre roux**

Battez les jaunes d'œufs avec le sucre jusqu'à ce que le mélange blanchisse.

Portez la crème à ébullition avec une pincée de vanille et versez-la sur le mélange œufs-sucre. Mélangez doucement pour ne pas faire trop de mousse. Versez cette crème dans 12 cuillères chinoises et placez au four 30 minutes à 90 °C (th. 3). Laissez refroidir.

Saupoudrez de sucre roux et caramélisez à l'aide d'un chalumeau.

Conseil : vous pouvez parfumer vos crèmes brûlées à votre goût en ajoutant soit de la chicorée, soit de la pulpe de fruits de la passion, soit un peu de fève tonka râpée.

Cuillères sablées et crème pistache

Préparation : 1 heure • Repos : 1 heure • Cuisson : 45 minutes •
Difficulté : ★★★ • Budget : ★★★

Pour 12 cuillères

Pour les sablés

- 150 g de farine
- 1 œuf
- 80 g de sucre
- 1 zeste de citron (non traité)
- 80 g de beurre salé
- 1 jaune d'œuf
- Sel

Pour la crème

- 50 g de pistaches fraîches
- 20 g de sucre
- 10 g de poudre d'amandes
- 1 cuil. à café d'huile d'arachide
- 120 g de beurre
- 120 g de crème anglaise
- 12 griottes

Préparez les sablés : dans un saladier, faites un puits avec la farine, cassez-y l'œuf, ajoutez le sucre, une pincée de sel, le zeste de citron. Mélangez grossièrement et ajoutez-y le beurre ramolli.

Étalez cette pâte collante entre 2 feuilles de papier sulfurisé et placez-la 30 minutes au frais. Beurrez et farinez généreusement des cuillères chinoises. Mettez-les au frais également. Découpez les formes de cuillère dans la pâte à l'aide d'un patron (dessiné en suivant le contour d'une cuillère avec un crayon) et placez-les dans les cuillères chinoises. Donnez la forme de la cuillère en appuyant légèrement, ôtez l'excès avec un couteau. Replacez au frais 30 minutes.

Préchauffez le four à 150 °C (th. 5). Diluez le jaune d'œuf dans un peu d'eau et badigeonnez-en les cuillères. Mettez au four 45 minutes. À la sortie du four, attendez 10 minutes et démoulez doucement.

Préparez la crème : mixez finement les pistaches fraîches avec le sucre et la poudre d'amandes. Ajoutez 1 cuil. à café d'huile d'arachide. Réservez. Fouettez le beurre tempéré, ajoutez petit à petit la crème anglaise tempérée, puis la pâte de pistaches.

À l'aide d'une poche à douille, garnissez les cuillères sablées de crème à la pistache. Finissez de décorer en plaçant 1 griotte sur la crème.

Conseil : il existe une pâte de pistaches très pratique dans les commerces spécialisés. Je vous conseille de ne pas prendre les cuillères par l'extrémité afin que le poids de la garniture ne les casse pas.

Cupcakes aux myrtilles et meringues

Préparation : 50 minutes • Repos : 24 heures • Cuisson : 2 heures • Difficulté : ★★ Budget : ★

Pour 6 cupcakes

Pour les meringues
- 2 blancs d'œufs
- ½ cuil. à café de jus de citron
- 120 g de sucre
- Colorant alimentaire bleu
- Colorant alimentaire rouge

Pour le cupcake
- 60 g de beurre mou
- 110 g de sucre
- 1 sachet de sucre vanillé
- 1 œuf
- 150 g de farine
- ½ cuil. à café de levure chimique
- 6 cl de lait
- 60 g de myrtilles surgelées

Pour la crème
- 30 g de beurre mou
- 50 g de sucre glace
- 1 cuil. à soupe de crème fraîche épaisse
- Extrait de vanille liquide

Préparez les meringues minimum 24 heures avant le montage des cupcakes.

Montez les blancs en neige avec le jus de citron et une pincée de sucre. Quand ils commencent à mousser, ajoutez le sucre petit à petit en continuant de battre jusqu'à l'obtention d'un mélange compact et brillant. Ajoutez quelques gouttes de chaque colorant.

À l'aide d'une poche munie d'une douille cannelée, dressez 6 meringues du même diamètre que les caissettes à cupcake sur une plaque de cuisson recouverte d'une feuille de papier sulfurisé. Mettez au four 1 h 40 à 100 °C (th. 3-4).

Une fois la cuisson terminée, éteignez le four et laissez les meringues refroidir dans le four. Le lendemain, préchauffez le four à 180 °C (th. 6). Fouettez le beurre pommade avec les sucres jusqu'à l'obtention d'un mélange onctueux.

Ajoutez l'œuf puis la farine mélangée à la levure en alternance avec le lait, et mélangez bien. Ajoutez les myrtilles surgelées. Remplissez aux deux tiers 6 moules à muffin garnis de caissettes en papier et mettez au four pour 20 minutes. Laissez refroidir sur une grille. Préparez la crème : fouettez le beurre pommade puis ajoutez petit à petit le sucre glace jusqu'à ce que la crème blanchisse et devienne onctueuse. Ajoutez la crème fraîche et l'extrait de vanille puis battez jusqu'à l'obtention d'une crème homogène. Avec une spatule, déposez une petite couche de crème sur les cupcakes puis déposez une meringue.

Cupcakes au café

Préparation : 45 minutes • Cuisson : 25 minutes • Difficulté : ★ Budget : ★

Pour 6 cupcakes

- 100 g de beurre
- 120 g de sucre
- 2 œufs
- 120 g de farine
- ½ sachet de levure chimique
- 1 cuil. à soupe de cacao en poudre
- 1 cuil. à soupe d'extrait naturel de café

Pour la crème

- 12 cl de lait
- 2 cuil. à soupe de café soluble
- 2 jaunes d'œufs
- 40 g de sucre
- 15 g de Maïzena®
- 150 g de beurre

Pour le décor

- Grains de café au chocolat

Préchauffez le four à 180 °C (th. 6). Fouettez le beurre pommade avec le sucre jusqu'à l'obtention d'un mélange onctueux.

Ajoutez les œufs puis la farine mélangée à la levure et au cacao. Mélangez bien. Terminez par l'extrait de café.

Remplissez aux deux tiers 6 caissettes en papier (pour les caissettes plissées, placez-les dans des moules à muffin pour éviter qu'elles ne se déplient et que le cupcake s'étale) et mettez au four pour 20 minutes à 180 °C (th. 6).

Contrôlez la cuisson en plantant une pointe de couteau (ou un cure-dent) qui doit ressortir sèche.

Laissez refroidir sur une grille. Préparez la crème : faites chauffer le lait dans une casserole avec le café soluble.

Mélangez les jaunes d'œufs et le sucre jusqu'à ce que le mélange blanchisse.

Ajoutez la Maïzena et versez dessus le lait bouillant. Faites épaissir le tout à feu doux.

Versez dans un bol et couvrez d'un film alimentaire, laissez refroidir. Battez le beurre en pommade avec un fouet électrique et ajoutez petit à petit la crème au café. Garnissez les cupcakes avec une spatule et décorez de grains de café au chocolat.

Cupcakes aux marrons glacés

Préparation : 30 minutes • Repos : 12 heures • Cuisson : 25 minutes • Difficulté : ★ Budget : ★★

Pour 6 cupcakes

Pour la crème
- 120 g de chocolat blanc
- 18 cl de crème liquide entière

Pour le cupcake
- 80 g de sucre
- 80 g de beurre mou
- 1 œuf
- 120 g de farine
- ½ cuil. à café de bicarbonate de soude
- 6 cl de lait
- 80 g de crème de marrons
- ½ cuil. à café d'extrait de vanille liquide
- 6 marrons glacés
- Sel

Pour le décor
- 1 marron glacé
- 1 feuille d'or

La veille, préparez la crème : faites fondre le chocolat blanc avec 5 cl de crème liquide au micro-ondes. Quand le mélange est homogène, ajoutez le restant de crème et laissez reposer une nuit au frais.

Le lendemain, préchauffez le four à 180 °C (th. 6).

Mélangez le sucre et le beurre pommade au fouet électrique puis ajoutez l'œuf. Incorporez la farine, le bicarbonate de soude et une pincée de sel, puis le lait, la crème de marrons et la vanille. La pâte doit être homogène pour pouvoir y ajouter délicatement les marrons coupés en morceaux. Versez la pâte dans 6 moules à muffins garnis de caissettes en papier. Mettez au four pour 20 minutes. Laissez refroidir sur une grille.

Fouettez la ganache préparée la veille jusqu'à obtenir une crème mousseuse.

Garnissez les cupcakes à l'aide d'une poche à douille cannelée et réservez au frais. Avant de servir, décorez d'une brisure de marron glacé ou d'un petit morceau de feuille d'or.

Cupcakes au citron meringués

Préparation : 1 heure • Cuisson : 40 minutes • Difficulté : ★★ Budget : ★

Pour 6 cupcakes

Pour le cupcake
- 160 g de farine
- 1 citron jaune non traité
- 1 cuil. à café de bicarbonate de soude
- 160 g de sucre
- 2 œufs
- 80 g de beurre
- 10 cl de lait
- 1 pot de lemon curd
- Sel

Pour la meringue
- 60 g de sucre
- 1 blanc d'œuf

Mélangez la farine, le zeste du citron, le bicarbonate et le sel. Fouettez le sucre avec les œufs puis ajoutez le beurre fondu. Incorporez le mélange sec en petite quantité en alternant avec le lait et la moitié du jus de citron, jusqu'à l'obtention d'une pâte homogène semi-liquide. Remplissez aux deux tiers 6 caissettes placées dans des empreintes à muffin. Mettez au four 20 minutes à 180 °C (th. 6).

Laissez les cupcakes refroidir sur une grille, puis à l'aide d'un couteau pointu, creusez-les en retirant un gros cône et en faisant attention de ne pas perforer le fond.

Remplissez le cœur des cupcakes de lemon curd. Repositionnez les couvercles de pâte sur le lemon curd après les avoir coupés pour qu'ils soient plus petits.

Préparez la meringue : chauffez le sucre et 2 cl d'eau à 110 °C. Montez le blanc d'œuf en neige, réduisez la vitesse au minimum puis versez le sirop bouillant en filet en évitant le fouet. Continuez de fouetter à vitesse maximale jusqu'au refroidissement total. La meringue aura pris un aspect onctueux et brillant.

À l'aide d'une spatule, nappez les cupcakes de meringues et formez de petites pointes en la tapotant doucement. Il ne vous reste plus qu'à dorer votre meringue italienne à l'aide d'un chalumeau en veillant à ne pas laisser la flamme trop longtemps au même endroit pour ne pas trop la colorer. Et surtout, évitez la caissette en papier.

Conseil : vous pouvez remplacer la meringue italienne par de la chantilly.

Cupcakes à la réglisse

Préparation : 40 minutes • Repos : 15 minutes • Cuisson : 20 minutes • Difficulté : ★ Budget : ★

Pour 6 cupcakes

- 60 g de beurre
- 110 g de sucre
- 1 sachet de sucre vanillé
- 1 œuf
- 150 g de farine
- ½ cuil. à café de levure chimique
- 2 rouleaux de réglisse

Pour la crème

- 3 rouleaux de réglisse
- 18 cl de lait
- 2 jaunes d'œufs
- 40 g de sucre
- 15 g de Maïzena®
- 150 g de beurre

Pour le décor

- 6 rouleaux de réglisse

Préchauffez le four à 180 °C (th. 6). Fouettez le beurre pommade avec les sucres jusqu'à l'obtention d'un mélange onctueux. Ajoutez l'œuf puis la farine mélangée à la levure et la réglisse coupée en petits morceaux. Mélangez bien.

Remplissez aux deux tiers 6 moules à muffin garnis de caissettes en papier et mettez au four pour 20 minutes. Laissez refroidir sur une grille.

Préparez la crème : coupez la réglisse en morceaux, ajoutez-la au lait dans une casserole et portez à ébullition.

Mélangez les jaunes d'œufs et le sucre jusqu'à ce que la préparation blanchisse. Ajoutez la Maïzena. Versez dessus le lait bouillant et faites épaissir le tout à feu doux. Laissez refroidir.

Battez le beurre en pommade à l'aide d'un fouet électrique et ajoutez petit à petit la crème à la réglisse.

Nappez les cupcakes de crème, placez au frais 15 minutes pour que la crème se fige légèrement. Déroulez les spirales de réglisse et décorez les cupcakes. Réservez au frais avant de déguster.

Crumble de fraises aux pistaches

Préparation : 5 minutes • Repos : 1 heure • Cuisson : 20 minutes • Difficulté : ★ Budget : ★★

Pour 4 verrines

- **30 g de beurre**
- **30 g de sucre**
- **60 g de pistaches mondées hachées**
- **30 g de farine**
- **400 g de fraises**
- **100 g de chocolat**
- **8 cl de crème liquide**

Dans un saladier, mélangez le beurre en pommade avec le sucre, 30 g de pistaches hachées et la farine. Vous devez obtenir un sable grossier.

Placez au réfrigérateur pendant 1 heure.

Allumez le four à 180 °C (th. 6), étalez le crumble sur une plaque de cuisson recouverte de papier sulfurisé. Mettez au four 15 à 20 minutes.

À la sortie du four, laissez refroidir.

Lavez et équeutez les fraises, répartissez-les dans les verrines.

Cassez le chocolat en morceaux et versez la crème bouillante dessus. Mélangez jusqu'à l'obtention d'une crème onctueuse.

Versez 3 ou 4 cuil. à café de sauce au chocolat sur les fraises, puis émiettez en gros morceaux le crumble de pistaches.

Décorez avec les pistaches mondées restantes.

Diamants verts

Préparation : 20 minutes • Repos : 12 heures 30 • Cuisson : 15 minutes •
Difficulté : ★★ Budget : ★★★

Pour une trentaine de biscuits

- **200 g de beurre**
- **90 g de sucre**
- **250 g de farine**
- **1 cuil. à soupe de thé matcha**
- **1 jaune d'œuf**
- **Sucre cristal**
- **Sel**

Mélangez le beurre mou et le sucre. Dans un autre récipient, mélangez la farine, le sel et la poudre de thé matcha et incorporez le tout au mélange beurre-sucre petit à petit. Formez une boule et laissez-la reposer 30 minutes au frais.

Divisez la pâte en 3 parts égales et façonnez 3 boudins de 3 à 4 cm de diamètre. La pâte ne doit pas être collante.

Enveloppez-les individuellement dans du film alimentaire en prenant soin de garder la forme cylindrique et laissez une nuit au frais.

Le lendemain, retirez le film alimentaire et passez du jaune d'œuf battu en fine couche sur les boudins de pâte à l'aide d'un pinceau.

Roulez-les sur un plan de travail recouvert de sucre cristal (le sucre fin fondrait à la cuisson et ne donnerait pas l'effet « diamant »).

Coupez des tronçons de 1 cm d'épaisseur et disposez-les sur une plaque de cuisson recouverte d'une feuille de papier sulfurisé, en les espaçant bien. Passez-les au four 15 minutes à 180 °C (th. 6). Laissez refroidir sur la plaque puis confectionnez un joli emballage cadeau avec une belle petite assiette et du papier transparent.

Conseil : si vous avez des plaques de sablés en attente de cuisson, placez-les au frais.

Dômes choco-pistache

Préparation : 3 heures • Repos : 3 heures • Cuisson : 23 minutes • Difficulté : ★★★ Budget : ★★

Pour 4 personnes

Pour les dômes
- 140 g de chocolat
- 80 g de beurre
- 3 jaunes d'œufs
- 60 g de sucre
- 16 cl de crème liquide entière

Pour les financiers à la pistache
- 80 g de poudre d'amandes
- 50 g de sucre glace
- 20 g de farine
- 2 blancs d'œufs
- 1 cuil. à soupe de pâte de pistaches
- 60 g de beurre

Pour le nappage
- 120 g de sucre
- 6 cl de crème liquide entière
- 20 g de cacao en poudre non sucré
- 2,5 feuilles de gélatine

Préparez les dômes : faites fondre le chocolat avec le beurre au micro-ondes ou au bain-marie. Battez les jaunes d'œufs et le sucre jusqu'à ce que le mélange triple de volume et blanchisse. Ajoutez le chocolat fondu et fouettez 1 minute. Battez la crème en chantilly pas trop ferme et incorporez-la au mélange précédent. Placez cette mousse dans les moules. Égalisez la surface et placez au congélateur 2 heures minimum. Pendant ce temps, préparez les financiers : tamisez la poudre d'amandes, le sucre glace et la farine. Ajoutez les blancs d'œufs et la pâte de pistaches. Faites fondre le beurre et ajoutez-le au mélange. Remplissez les moules à mini muffins de cette pâte à l'aide d'une cuillère à soupe (ou versez dans un moule à manqué et vous découperez des disques à l'emporte-pièce). Mettez au four 10 minutes à 180 °C (th. 6). Attendez 5 minutes et démoulez.

Préparez le nappage : faites bouillir 8 cl d'eau et le sucre, ajoutez la crème puis le cacao tamisé. Mélangez jusqu'à l'obtention d'un mélange homogène et sans grumeaux. Laissez cuire à feu très doux pendant 10 minutes en mélangeant de temps en temps. Ajoutez la gélatine préalablement ramollie dans l'eau froide et essorée. Laissez refroidir. Lorsque le nappage commence à gélifier, démoulez les dômes de mousse et placez-les sur une grille. Sans attendre, versez le nappage sur chaque dôme en faisant attention à ce qu'ils soient bien couverts. Au contact de la mousse très froide, il va gélifier rapidement. Laissez reposer au frais 1 heure. À l'aide d'une spatule métallique, passez sous chaque dôme et placez-les sur les financiers. Conservez-les au frais.

Conseil : décorez chaque mignardise de nougatine. Vous pouvez soit placer un triangle de nougatine sur le sommet, soit mettre de petits morceaux tout autour.

Escargots aux amandes

Préparation : 15 minutes • Repos : 2 h 30 • Cuisson : 20 minutes • Levée 1 : 1 h 30 • Levée 2 : 2 heures • Difficulté : ★★★ Budget : ★

Pour 8 viennoiseries

- 20 cl de lait
- 160 g de beurre
- 30 g de sucre
- 400 g de farine blanche
- 1,5 cuil. à café de levure de boulanger déshydratée
- 1 cuil. à café de sel
- 1 jaune d'œuf
- 30 g d'amandes effilées
- Sucre glace

Pour la crème

- 125 g de beurre
- 125 g de poudre d'amandes
- 125 g de sucre glace
- 25 g de farine
- 2 œufs

Mettez tous les ingrédients, sauf 150 g de beurre, le jaune d'œuf et les amandes dans la cuve de la machine à pain selon l'ordre indiqué. Sélectionnez le programme « Pâte ».

À la fin du programme, versez la pâte sur un plan de travail fariné. Formez une boule que vous laisserez reposer 2 heures au réfrigérateur dans un saladier recouvert d'un film alimentaire. Le temps de repos écoulé, étalez la pâte sur un plan fariné en un grand rectangle d'environ 40 x 20 cm, deux fois plus épais au centre. Déposez 150 g de beurre tempéré au centre, en un rectangle. Rabattez chaque côté de pâte sur le beurre (comme un portefeuille) et soudez les bords par une pression des doigts. Faites un quart de tour avec la pâte et étalez-la doucement en commençant par des pressions à l'aide du rouleau. Roulez en un grand rectangle. Pliez-la à nouveau en trois (tour simple) et replacez au frais 30 minutes. Renouvelez l'opération trois fois. Préparez la crème en fouettant le beurre pommade avec la poudre d'amandes et le sucre glace. Ajoutez la farine et les œufs un à un. Réservez à température ambiante.

Étalez la pâte sur ½ cm d'épaisseur et formez un rectangle d'environ 40 x 16 cm. Étalez dessus la crème d'amandes en laissant juste 2 cm libres à une extrémité (dans le sens de la largeur). Roulez la pâte en finissant par l'extrémité sans crème. À l'aide d'un bon couteau, coupez 8 tronçons que vous placerez sur une plaque recouverte d'une feuille de cuisson, en les espaçant suffisamment. Laissez lever pendant 2 heures dans un endroit tempéré et à l'abri des courants d'air. Chauffez le four à 230 °C (th. 7-8). Badigeonnez le pourtour du jaune d'œuf dilué avec 2 cuil. à café de lait, parsemez d'amandes effilées et enfournez pour 20 minutes.

Sortez les escargots du four et laissez-les refroidir sur une grille. Saupoudrez de sucre glace.

Financiers à la chicorée et à la noisette

Préparation : 15 minutes • Cuisson : 20 minutes • Difficulté : ★ Budget : ★

Pour 6 personnes

- **120 g de beurre**
- **120 g de poudre de noisettes**
- **100 g de sucre glace**
- **40 g de farine**
- **4 blancs d'œufs**
- **2 cuil. à soupe de chicorée liquide**

Préchauffez le four à 180 °C (th. 6).

Mettez le beurre à fondre.

Tamisez la poudre de noisettes, le sucre glace et la farine. Ajoutez les blancs d'œufs puis la chicorée et mélangez jusqu'à l'obtention d'une pâte homogène.

Incorporez le beurre fondu.

Remplissez des moules beurrés ou en silicone en vous aidant d'une poche à douille. Mettez au four pour 15 minutes. Laissez refroidir 10 minutes et démoulez.

Financiers au chocolat Kinder®

Préparation : 15 minutes • Cuisson : 20 minutes • Difficulté : ★ Budget : ★★

Pour 15 financiers

- **120 g de beurre**
- **10 barres de chocolat (Kinder®)**
- **60 g de poudre d'amandes**
- **60 g de poudre de noisettes**
- **100 g de sucre glace**
- **30 g de farine**
- **4 blancs d'œufs**

Faites fondre le beurre avec 8 barres de Kinder.

Tamisez la poudre d'amandes avec la poudre de noisettes, le sucre glace et la farine. Ajoutez les blancs d'œufs et mélangez jusqu'à l'obtention d'une pâte homogène. Incorporez le beurre fondu avec le chocolat Kinder.

Remplissez les moules beurrés ou en silicone à l'aide d'une cuillère à soupe. Coupez en morceaux les barres Kinder qu'il reste et parsemez-en les financiers.

Mettez au four 15 minutes à 180 °C (th. 6). Attendez 10 minutes et démouler.

Flocon de neige

Préparation : 2 heures • Repos : 16 heures • Cuisson : 20 minutes • Difficulté : ★★ Budget : ★

Pour 10 personnes

Pour la ganache
- 100 g de chocolat blanc
- 14 cl de crème liquide

Pour la génoise
- 4 œufs
- 140 g de sucre
- 140 g de farine

Pour la mousse au citron
- Le jus de 1 citron
- Le zeste de 1 citron non traité
- 2 œufs
- 60 g de sucre
- 40 g de beurre
- 5 g de gélatine
- 40 cl de crème liquide entière
- 12 cl de jus d'agrumes

Pour le décor
- 50 coques de macaron blanc nacré

La veille, préparez la ganache. Faites fondre le chocolat blanc et 3 cl de crème au micro-ondes 2 fois 30 secondes. Laissez tiédir et ajoutez le reste de crème. Gardez au frais une nuit.

Le lendemain fouettez le mélange afin d'obtenir une ganache montée. Placez au frais.

Préparez la génoise : battez les œufs et le sucre au fouet électrique avec 3 cuil. à soupe d'eau chaude jusqu'à ce que le mélange blanchisse et double de volume. Ajoutez la farine délicatement en soulevant la masse. Versez les trois quarts de la pâte sur une plaque de cuisson souple ou recouverte de papier sulfurisé. Avec le quart restant, formez un disque de pâte d'un diamètre supérieur à celui de votre saladier.

Mettez au four 10 à 12 minutes à 180 °C (th. 6). La génoise doit rester très souple : surtout ne la faites pas trop cuire. Démoulez 5 minutes après l'avoir sortie du four sur une feuille de papier sulfurisé. Habillez un saladier de 20 cm de diamètre de film alimentaire et tapissez-le de génoise coupée en plusieurs morceaux. Dans un cul-de-poule, mélangez le jus de citron, son zeste, les œufs, le sucre et le beurre et faites épaissir le tout au bain-marie. Ajoutez la gélatine préalablement ramollie dans l'eau froide. Battez la crème en chantilly et incorporez-la à la crème au citron refroidie. Humectez la génoise de jus de fruits et versez la moitié de la mousse au citron. Recouvrez de morceaux de génoise imbibés restants et versez le restant de mousse. Fermez par un disque de génoise. Couvrez d'un film alimentaire et placez au frais 4 heures minimum.

Démoulez la charlotte sur un plat de service, nappez-la d'une fine couche de ganache et placez les macarons en commençant par le bas.

Guimauves à la chicorée

Préparation : 40 minutes • Repos : 24 heures • Cuisson : 10 minutes • Difficulté : ★★ Budget : ★

Pour 6 personnes

- **250 g de sucre**
- **8 feuilles de gélatine**
- **3 blancs d'œufs**
- **2 cuil. à soupe de chicorée liquide**
- **100 g de sucre glace**

Dans une petite casserole, versez le sucre et 8 cl d'eau. Mettez ce sirop à cuire jusqu'à atteindre la température de 130 °C. Pendant ce temps, faites ramollir les feuilles de gélatine dans de l'eau froide et battez les blancs d'œufs en neige.

Lorsque le sirop a atteint la bonne température, ajoutez la gélatine essorée. Versez ensuite le sirop chaud sur les blancs d'œufs sans cesser de battre et en ne touchant pas les fouets afin d'éviter les projections.

Ajoutez la chicorée puis fouettez jusqu'à ce que le mélange refroidisse.

Étalez la pâte en couche régulière sur une plaque de cuisson siliconée saupoudrée de sucre glace. Ensuite, saupoudrez également de sucre glace le dessus de la pâte.

Laissez sécher à l'air ambiant 24 heures.

Démoulez délicatement la plaque de guimauve, coupez des carrés puis roulez-les dans le sucre glace. Conservez les guimauves dans une boîte hermétique.

Lunes aux noisettes

Préparation : 40 minutes • Cuisson : 20 minutes • Difficulté : ★ Budget : ★

Pour 30 sablés

- 170 g de farine
- 80 g de poudre de noisettes
- 80 g de sucre
- 1 sachet de sucre vanillé
- 140 g de beurre
- 1 cuil. à soupe de lait

Pour la finition

- 70 g de noisettes
- 150 g de chocolat noir

Mélangez la farine, la poudre de noisettes, le sucre et le sucre vanillé. Ajoutez le beurre tempéré et le lait, commencez à mélanger avec une fourchette, puis réunissez tous les ingrédients en boule en ajoutant le lait si besoin. Prélevez des petites quantités de pâte et formez des petites lunes. Déposez-les sur une plaque recouverte de papier sulfurisé. Placez au frais pendant que le four préchauffe, puis mettez au four pour 15 minutes à 180 °C (th. 6). À la sortie du four, laissez refroidir sur la plaque.

Torréfiez les noisettes sous le gril 1 minute (attention, ça va très vite). Laissez refroidir, frottez-les entre les deux mains pour retirer la peau, puis mixez-les grossièrement.

Faites fondre le chocolat au bain-marie, puis enrobez chaque lune de chocolat puis de noisettes concassées. Placez-les sur une feuille de papier sulfurisé et réservez au frais pour faire durcir le chocolat.

Conservez dans une boîte métallique.

Macarons à la cerise noire

Préparation : 1 heure • Repos : 24 heures • Cuisson : 30 minutes • Difficulté : ★★ Budget : ★★

Pour 40 macarons

Pour les coques
- **200 g de sucre glace**
- **110 g de poudre d'amandes**
- **95 g de blancs d'œufs**
- **30 g de sucre**
- **Colorant alimentaire rouge**

Pour la garniture
- **300 g de cerises noires**
- **30 g de sucre**
- **2 feuilles de gélatine**

Préparez les coques : mixez le sucre glace et la poudre d'amandes pour obtenir une poudre très fine. Montez les blancs d'œufs en neige avec une pincée de sucre. Quand le mélange commence à mousser, ajoutez petit à petit le sucre. Lorsque tout le sucre est incorporé, augmentez doucement la vitesse du batteur et fouettez jusqu'à l'obtention d'une belle meringue qui forme « un bec d'oiseau » lorsqu'on soulève les fouets. Ajoutez du colorant alimentaire rouge.

Ajoutez un tiers de mélange poudre d'amandes-sucre glace, mélangez à la spatule pour assouplir la masse. Ajoutez le restant de poudre et mélangez délicatement à la spatule en soulevant la masse, en raclant bien les bords et le fond. Mélangez suffisamment pour lisser la pâte mais sans la liquéfier pour qu'elle ne s'étale pas trop.

Remplissez une poche munie d'une douille de 8 mm et dressez les macarons sur 2 plaques de cuisson superposées et couvertes de papier sulfurisé. Espacez-les suffisamment et décalez les rangées en quinconce pour uniformiser le passage de la chaleur. Tapez avec le plat de la main sous les plaques pour uniformiser les macarons et chasser les bulles d'air. Laissez croûter (sécher) 30 minutes.

Placez au four pendant 15 minutes à 150 °C (th. 5). Retournez les plaques à mi-cuisson. Sortez les macarons du four, faites glisser les feuilles de papier sulfurisé avec les coques sur le plan de travail et laissez-les refroidir complètement avant de les décoller.

Préparez la garniture : lavez et dénoyautez les cerises. Placez-les dans une casserole avec le sucre et mettez à cuire 15 minutes en mélangeant régulièrement. Mixez les cerises puis ajoutez les feuilles de gélatine préalablement ramollies dans l'eau froide et essorées. Laissez refroidir puis garnissez les macarons à l'aide d'une poche à douille. Réservez 24 heures au réfrigérateur avant de déguster.

Macarons à la fleur d'oranger

Préparation : 1 heure • Repos : 24 heures • Cuisson : 15 minutes • Difficulté : ★★ Budget : ★★

Pour 40 macarons

Pour les coques
- 200 g de sucre glace
- 110 g de poudre d'amandes
- 95 g de blancs d'œufs
- 30 g de sucre
- Colorant alimentaire orange

Pour la garniture
- 10 cl de lait
- 2 cuil. à soupe d'eau de fleur d'oranger
- 1 œuf
- 20 g de sucre
- 10 g de Maïzena®
- 100 g de beurre

Mixez le sucre glace et la poudre d'amandes pour obtenir une poudre très fine. Montez les blancs d'œufs en neige avec une pincée de sucre. Quand le mélange commence à mousser, ajoutez petit à petit le sucre. Lorsque tout le sucre est incorporé, augmentez doucement la vitesse du batteur et fouettez jusqu'à l'obtention d'une belle meringue qui forme « un bec d'oiseau » lorsqu'on soulève les fouets. Ajoutez du colorant alimentaire orange.

Ajoutez un tiers de mélange poudre d'amandes-sucre glace, mélangez à la spatule pour assouplir la masse. Ajoutez le restant de poudre et mélangez délicatement à la spatule en soulevant la masse, en raclant bien les bords et le fond. Mélangez suffisamment pour lisser la pâte mais sans la liquéfier pour qu'elle ne s'étale pas trop.

Remplissez une poche munie d'une douille de 8 mm et dressez les macarons sur 2 plaques de cuisson superposées et couvertes de papier sulfurisé. Espacez-les suffisamment et décalez les rangées en quinconce pour uniformiser le passage de la chaleur. Tapez avec le plat de la main sous les plaques pour uniformiser les macarons et chasser les bulles d'air. Laissez croûter (sécher) 30 minutes.

Placez au four pour 15 minutes à 150 °C (th. 5). Retournez les plaques à mi-cuisson. Sortez les macarons du four, faites glisser les feuilles de papier sulfurisé avec les coques sur le plan de travail et laissez-les refroidir complètement avant de les décoller.

Portez le lait à ébullition avec l'eau de fleur d'oranger. Fouettez l'œuf et le sucre jusqu'à ce que le mélange blanchisse. Ajoutez la Maïzena. Versez le lait bouillant et faites épaissir à feu doux. Laissez refroidir. Battez le beurre en pommade à l'aide d'un fouet électrique et ajoutez petit à petit la crème à la vanille. Garnissez les macarons à l'aide d'une poche à douille et réservez 24 heures au frais avant de déguster.

Macarons à la fraise

Préparation : 1 heure • Repos : 24 heures • Cuisson : 20 minutes • Difficulté : ★★ Budget : ★★

Pour 40 personnes

Pour les coques

- 200 g de sucre glace
- 110 g de poudre d'amandes
- 95 g de blancs d'œufs
- 30 g de sucre
- Colorant alimentaire rouge

Pour la garniture

- 140 g de purée de fraises
- 2 feuilles de gélatine
- 120 g de chocolat blanc

Préparez les coques : mixez le sucre glace et la poudre d'amandes pour obtenir une poudre très fine. Montez les blancs d'œufs en neige avec une pincée de sucre. Quand le mélange commence à mousser, ajoutez petit à petit le sucre. Lorsque tout le sucre est incorporé, augmentez doucement la vitesse du batteur et fouettez jusqu'à l'obtention d'une belle meringue qui forme « un bec d'oiseau » lorsqu'on soulève les fouets. Ajoutez du colorant alimentaire rouge.

Ajoutez un tiers de mélange poudre d'amandes-sucre glace, mélangez à la spatule pour assouplir la masse. Ajoutez le restant de poudre et mélangez délicatement à la spatule en soulevant la masse, en raclant bien les bords et le fond. Mélangez suffisamment pour lisser la pâte mais sans la liquéfier pour qu'elle ne s'étale pas trop.

Remplissez une poche munie d'une douille de 8 mm et dressez les macarons sur 2 plaques de cuisson superposées et couvertes de papier sulfurisé. Espacez-les suffisamment et décalez les rangées en quinconce pour uniformiser le passage de la chaleur. Tapez avec le plat de la main sous les plaques pour uniformiser les macarons et chasser les bulles d'air. Laissez croûter (sécher) 30 minutes.

Placez au four pour 15 minutes à 150 °C (th. 5). Retournez les plaques à mi-cuisson. Sortez les macarons du four, faites glisser les feuilles de papier sulfurisé avec les coques sur le plan de travail et laissez-les refroidir complètement avant de les décoller.

Préparez la garniture : mettez la purée de fraises à chauffer, ajoutez les feuilles de gélatine préalablement ramollies dans l'eau froide et essorées. Ajoutez le chocolat blanc et mélangez jusqu'à ce qu'il soit totalement fondu. Laissez refroidir puis garnissez les macarons à l'aide d'une poche à douille. Réservez 24 heures au réfrigérateur avant de déguster.

Macarons à la pêche

Préparation : 1 heure • Repos : 24 heures • Cuisson : 35 minutes • Difficulté : ★★ Budget : ★★

Pour 40 macarons

Pour les coques
- **200 g de sucre glace**
- **110 g de poudre d'amandes**
- **95 g de blancs d'œufs**
- **30 g de sucre**
- **Colorant alimentaire orange**

Pour la garniture
- **200 g de pêches jaunes**
- **60 g de sucre**
- **2 feuilles de gélatine**

Mixez le sucre glace et la poudre d'amandes pour obtenir une poudre très fine. Montez les blancs d'œufs en neige avec une pincée de sucre. Quand le mélange commence à mousser, ajoutez petit à petit le sucre. Lorsque tout le sucre est incorporé, augmentez doucement la vitesse du batteur et fouettez jusqu'à l'obtention d'une belle meringue qui forme « un bec d'oiseau » lorsqu'on soulève les fouets. Ajoutez du colorant alimentaire orange.

Ajoutez un tiers de mélange poudre d'amandes-sucre glace, mélangez à la spatule pour assouplir la masse. Ajoutez le restant de poudre et mélangez délicatement à la spatule en soulevant la masse, en raclant bien les bords et le fond. Mélangez suffisamment pour lisser la pâte mais sans la liquéfier pour qu'elle ne s'étale pas trop.

Remplissez une poche munie d'une douille de 8 mm et dressez les macarons sur 2 plaques de cuisson superposées et couvertes de papier sulfurisé. Espacez-les suffisamment et décalez les rangées en quinconce pour uniformiser le passage de la chaleur. Tapez avec le plat de la main sous les plaques pour uniformiser les macarons et chasser les bulles d'air. Laissez croûter (sécher) 30 minutes.

Placez au four pour 15 minutes à 150 °C (th. 5). Retournez les plaques à mi-cuisson. Sortez les macarons du four, faites glisser les feuilles de papier sulfurisé avec les coques sur le plan de travail et laissez-les refroidir complètement avant de les décoller.

Épluchez et coupez les pêches en morceaux. Placez-les dans une casserole avec le sucre. Laissez compoter sur feu doux 20 minutes en mélangeant régulièrement. Ajoutez les feuilles de gélatine préalablement ramollies dans l'eau froide et essorées. Mélangez bien puis laissez refroidir. Garnissez les macarons et réservez 24 heures au frais avant de déguster.

Macarons à la poire

Préparation : 1 heure • Repos : 24 heures • Cuisson : 30 minutes • Difficulté : ★★ Budget : ★★

Pour 40 macarons

Pour les coques
- **200 g de sucre glace**
- **110 g de poudre d'amandes**
- **95 g de blancs d'œufs**
- **30 g de sucre**
- **Colorant alimentaire vert**

Pour la garniture
- **3 poires**
- **30 g de sucre**
- **2 feuilles de gélatine**

Mixez le sucre glace et la poudre d'amandes pour obtenir une poudre très fine. Montez les blancs d'œufs en neige avec une pincée de sucre. Quand le mélange commence à mousser, ajoutez petit à petit le sucre. Lorsque tout le sucre est incorporé, augmentez doucement la vitesse du batteur et fouettez jusqu'à l'obtention d'une belle meringue qui forme « un bec d'oiseau » lorsqu'on soulève les fouets.

Ajoutez un tiers de mélange poudre d'amandes-sucre glace, mélangez à la spatule pour assouplir la masse. Ajoutez le restant de poudre et mélangez délicatement à la spatule en soulevant la masse, en raclant bien les bords et le fond. Mélangez suffisamment pour lisser la pâte mais sans la liquéfier pour qu'elle ne s'étale pas trop.

Remplissez une poche munie d'une douille de 8 mm et dressez les macarons sur 2 plaques de cuisson superposées et couvertes de papier sulfurisé. Espacez-les suffisamment et décalez les rangées en quinconce pour uniformiser le passage de la chaleur. Tapez avec le plat de la main sous les plaques pour uniformiser les macarons et chasser les bulles d'air. Saupoudrez-les d'un peu de colorant alimentaire vert. Laissez croûter (sécher) 30 minutes.

Placez au four pour 15 minutes à 150 °C (th. 5). Retournez les plaques à mi-cuisson. Sortez les macarons du four, faites glisser les feuilles de papier sulfurisé avec les coques sur le plan de travail et laissez-les refroidir complètement avant de les décoller.

Épluchez les poires, coupez-les en morceaux et placez-les dans une casserole avec le sucre. Laissez cuire à feu doux 10 à 15 minutes en mélangeant régulièrement. La poire doit devenir très fondante. Réduisez les poires en compote à l'aide d'une fourchette afin de conserver des morceaux. Ajoutez les feuilles de gélatine préalablement ramollies dans l'eau froide et essorées. Laissez refroidir. Garnissez les macarons à la cuillère. Réservez 24 heures au réfrigérateur avant de déguster.

Macarons à la vanille

Préparation : 1 heure • Repos : 24 heures • Cuisson : 25 minutes • Difficulté : ★★ Budget : ★★

Pour 40 macarons

Pour les coques
- 200 g de sucre glace
- 110 g de poudre d'amandes
- 95 g de blancs d'œufs
- 30 g de sucre
- Colorant alimentaire jaune nacré

Pour la garniture
- 10 cl de lait
- 1 gousse de vanille
- 1 œuf
- 20 g de sucre
- 10 g de Maïzena®
- 100 g de beurre

Préparez les coques : mixez le sucre glace et la poudre d'amandes pour obtenir une poudre très fine. Montez les blancs d'œufs en neige avec une pincée de sucre. Quand le mélange commence à mousser, ajoutez petit à petit le sucre. Lorsque tout le sucre est incorporé, augmentez doucement la vitesse du batteur et fouettez jusqu'à l'obtention d'une belle meringue qui forme « un bec d'oiseau » lorsqu'on soulève les fouets. Ajoutez du colorant alimentaire jaune.

Ajoutez un tiers de mélange poudre d'amandes-sucre glace, mélangez à la spatule pour assouplir la masse. Ajoutez le restant de poudre et mélangez délicatement à la spatule en soulevant la masse, en raclant bien les bords et le fond. Mélangez suffisamment pour lisser la pâte mais sans la liquéfier pour qu'elle ne s'étale pas trop.

Remplissez une poche munie d'une douille de 8 mm et dressez les macarons sur 2 plaques de cuisson superposées et couvertes de papier sulfurisé. Espacez-les suffisamment et décalez les rangées en quinconce pour uniformiser le passage de la chaleur. Tapez avec le plat de la main sous les plaques pour uniformiser les macarons et chasser les bulles d'air. Laissez croûter (sécher) 30 minutes. Placez au four pour 15 minutes à 150 °C (th. 5). Retournez les plaques à mi-cuisson. Sortez les macarons du four, faites glisser les feuilles de papier sulfurisé avec les coques sur le plan de travail et laissez-les refroidir complètement avant de les décoller.

Préparez la garniture : portez le lait à ébullition avec la gousse de vanille fendu en deux. Fouettez l'œuf et le sucre jusqu'à ce que le mélange blanchisse. Ajoutez la Maïzena. Versez le lait bouillant après avoir retiré la gousse de vanille et gratté les graines. Faites épaissir à feu doux. Laissez refroidir.

Battez le beurre en pommade à l'aide d'un fouet électrique et ajoutez petit à petit la crème à la vanille. Garnissez les macarons à l'aide d'une poche à douille et réservez 24 heures au frais avant de déguster.

Macarons abricot et mangue

Préparation : 1 heure • Repos : 24 heures • Cuisson : 35 minutes • Difficulté : ★★ Budget : ★★

Pour 40 macarons

Pour les coques

- 200 g de sucre glace
- 110 g de poudre d'amandes
- 95 g de blancs d'œufs
- 30 g de sucre
- Colorant alimentaire orange

Pour la garniture

- 100 g de mangues
- 100 g d'abricots
- 50 g de sucre
- 2 feuilles de gélatine

Mixez le sucre glace et la poudre d'amandes pour obtenir une poudre très fine. Montez les blancs d'œufs en neige avec une pincée de sucre. Quand le mélange commence à mousser, ajoutez petit à petit le sucre. Lorsque tout le sucre est incorporé, augmentez doucement la vitesse du batteur et fouettez jusqu'à l'obtention d'une belle meringue qui forme « un bec d'oiseau » lorsqu'on soulève les fouets. Ajoutez du colorant alimentaire orange. Ajoutez un tiers de mélange poudre d'amandes-sucre glace, mélangez à la spatule pour assouplir la masse. Ajoutez le restant de poudre et mélangez délicatement à la spatule en soulevant la masse, en raclant bien les bords et le fond. Mélangez suffisamment pour lisser la pâte mais sans la liquéfier pour qu'elle ne s'étale pas trop.

Remplissez une poche munie d'une douille de 8 mm et dressez les macarons sur 2 plaques de cuisson superposées et couvertes de papier sulfurisé. Espacez-les suffisamment et décalez les rangées en quinconce pour uniformiser le passage de la chaleur. Tapez avec le plat de la main sous les plaques pour uniformiser les macarons et chasser les bulles d'air. Laissez croûter (sécher) 30 minutes.

Placez au four pour 15 minutes à 150 °C (th. 5). Retournez les plaques à mi-cuisson. Sortez les macarons du four, faites glisser les feuilles de papier sulfurisé avec les coques sur le plan de travail et laissez-les refroidir complètement avant de les décoller.

Avec un pinceau plat à peine humide, prélevez une petite touche de colorant en poudre et tapotez les coques pour leur donner un effet peau d'abricot. Laissez sécher.

Prélevez la pulpe des fruits, mixez-les et placez-les dans une casserole avec le sucre. Laissez compoter sur feu doux 20 minutes en mélangeant régulièrement. Ajoutez les feuilles de gélatine préalablement ramollies dans l'eau froide et essorées. Mélangez bien puis laissez refroidir. Avant que la purée de fruit ne se fige, garnissez les macarons à l'aide d'une poche à douille et réservez 24 heures au frais avant de déguster.

Macarons au Baileys®

Préparation : 1 heure • Repos : 24 heures • Cuisson : 25 minutes • Difficulté : ★★ Budget : ★★

Pour 40 macarons

Pour les coques
- 200 g de sucre glace
- 110 g de poudre d'amandes
- 95 g de blancs d'œufs
- 30 g de sucre
- Colorant alimentaire brun

Pour la garniture
- 5 cl de lait
- 5 cl de Baileys®
- 1 œuf
- 20 g de sucre
- 10 g de Maïzena®
- 100 g de beurre

Mixez le sucre glace et la poudre d'amandes pour obtenir une poudre très fine. Montez les blancs d'œufs en neige avec une pincée de sucre. Quand le mélange commence à mousser, ajoutez petit à petit le sucre. Lorsque tout le sucre est incorporé, augmentez doucement la vitesse du batteur et fouettez jusqu'à l'obtention d'une belle meringue qui forme « un bec d'oiseau » lorsqu'on soulève les fouets. Ajoutez du colorant alimentaire brun. Ajoutez un tiers de mélange poudre d'amandes-sucre glace, mélangez à la spatule pour assouplir la masse. Ajoutez le restant de poudre et mélangez délicatement à la spatule en soulevant la masse, en raclant bien les bords et le fond. Mélangez suffisamment pour lisser la pâte mais sans la liquéfier pour qu'elle ne s'étale pas trop.

Remplissez une poche munie d'une douille de 8 mm et dressez les macarons sur 2 plaques de cuisson superposées et couvertes de papier sulfurisé. Espacez-les suffisamment et décalez les rangées en quinconce pour uniformiser le passage de la chaleur. Tapez avec le plat de la main sous les plaques pour uniformiser les macarons et chasser les bulles d'air. Laissez croûter (sécher) 30 minutes. Placez au four pour 15 minutes à 150 °C (th. 5). Retournez les plaques à mi-cuisson. Sortez les macarons du four, faites glisser les feuilles de papier sulfurisé avec les coques sur le plan de travail et laissez-les refroidir complètement avant de les décoller. Portez le lait et le Baileys à ébullition. Fouettez l'œuf et le sucre jusqu'à ce que le mélange blanchisse. Ajoutez la Maïzena. Versez le lait bouillant et faites épaissir à feu doux. Laissez refroidir.

Battez le beurre en pommade à l'aide d'un fouet électrique et ajoutez petit à petit la crème au Baileys. Garnissez les macarons à l'aide d'une poche à douille et réservez 24 heures au frais avant de déguster.

Macarons au Carambar

Préparation : 1 heure • Repos : 24 heures • Cuisson : 25 minutes • Difficulté : ★★ Budget : ★★

Pour 40 macarons

Pour les coques

- **200 g de sucre glace**
- **110 g de poudre d'amandes**
- **95 g de blancs d'œufs**
- **30 g de sucre**
- **Colorant alimentaire brun**

Pour la garniture

- **10 cl de lait**
- **10 Carambar®**
- **1 œuf**
- **15 g de sucre**
- **10 g de Maïzena®**
- **100 g de beurre**

Mixez le sucre glace et la poudre d'amandes pour obtenir une poudre très fine. Montez les blancs d'œufs en neige avec une pincée de sucre. Quand le mélange commence à mousser, ajoutez petit à petit le sucre. Lorsque tout le sucre est incorporé, augmentez doucement la vitesse du batteur et fouettez jusqu'à l'obtention d'une belle meringue qui forme « un bec d'oiseau » lorsqu'on soulève les fouets. Ajoutez du colorant alimentaire brun. Ajoutez un tiers de mélange poudre d'amandes-sucre glace, mélangez à la spatule pour assouplir la masse. Ajoutez le restant de poudre et mélangez délicatement à la spatule en soulevant la masse, en raclant bien les bords et le fond. Mélangez suffisamment pour lisser la pâte mais sans la liquéfier pour qu'elle ne s'étale pas trop. Remplissez une poche munie d'une douille de 8 mm et dressez les macarons sur 2 plaques de cuisson superposées et couvertes de papier sulfurisé. Espacez-les suffisamment et décalez les rangées en quinconce pour uniformiser le passage de la chaleur. Tapez avec le plat de la main sous les plaques pour uniformiser les macarons et chasser les bulles d'air. Laissez croûter (sécher) 30 minutes.

Placez au four pour 15 minutes à 150 °C (th. 5). Retournez les plaques à mi-cuisson. Sortez les macarons du four, faites glisser les feuilles de papier sulfurisé avec les coques sur le plan de travail et laissez-les refroidir complètement avant de les décoller.

Portez le lait à ébullition et mettez les Carambar à fondre en mélangeant sans arrêter. Fouettez l'œuf et le sucre jusqu'à ce que le mélange blanchisse. Ajoutez la Maïzena. Versez le lait bouillant et faites épaissir à feu doux. Laissez refroidir.

Battez le beurre en pommade à l'aide d'un fouet électrique et ajoutez petit à petit la crème au Carambar. Garnissez les macarons à l'aide d'une poche à douille et réservez 24 heures au frais avant de déguster.

Macarons au cheesecake citron

Préparation : 1 heure • Repos : 48 heures • Cuisson : 45 minutes • Difficulté : ★★ Budget : ★★

Pour 40 macarons

Pour la garniture

- **250 g de fromage frais Philadelphia®**
- **30 g de sucre**
- **½ citron**
- **1 œuf**

Pour les coques

- **200 g de sucre glace**
- **110 g de poudre d'amandes**
- **95 g de blancs d'œufs**
- **30 g de sucre**
- **Colorant alimentaire crème**
- **2 Gavottes®**

La veille, fouettez le Philadelphia avec le sucre, 2 cuil. à soupe de jus de citron et le zeste. Ajoutez l'œuf et mélangez bien. Versez cette crème dans un petit moule à cake en silicone ou chemisé de papier de cuisson. Mettez au four 30 minutes à 150 °C (th. 5), éteignez le four et laissez le cheesecake refroidir dans le four puis placez-le 24 heures au frais. Mixez le sucre glace et la poudre d'amandes pour obtenir une poudre très fine. Montez les blancs d'œufs en neige avec une pincée de sucre. Quand le mélange commence à mousser, ajoutez petit à petit le sucre. Lorsque tout le sucre est incorporé, augmentez doucement la vitesse du batteur et fouettez jusqu'à l'obtention d'une belle meringue qui forme « un bec d'oiseau » lorsqu'on soulève les fouets. Ajoutez du colorant alimentaire crème. Ajoutez un tiers de mélange poudre d'amandes-sucre glace, mélangez à la spatule pour assouplir la masse. Ajoutez le restant de poudre et mélangez délicatement à la spatule en soulevant la masse, en raclant bien les bords et le fond. Mélangez suffisamment pour lisser la pâte mais sans la liquéfier pour qu'elle ne s'étale pas trop. Remplissez une poche munie d'une douille de 8 mm et dressez les macarons sur 2 plaques de cuisson superposées et couvertes de papier sulfurisé. Espacez-les suffisamment et décalez les rangées en quinconce pour uniformiser le passage de la chaleur. Tapez avec le plat de la main sous les plaques pour uniformiser les macarons et chasser les bulles d'air. Saupoudrez de crêpes Gavottes émiettées. Laissez croûter (sécher) 30 minutes.

Placez au four pour 15 minutes à 150 °C (th. 5). Retournez les plaques à mi-cuisson. Sortez les macarons du four, faites glisser les feuilles de papier sulfurisé avec les coques sur le plan de travail et laissez-les refroidir complètement avant de les décoller.

Coupez une tranche de cheesecake, travaillez-la à la fourchette pour obtenir une pâte crémeuse et garnissez les macarons. Réservez 24 heures au réfrigérateur avant de déguster.

Macarons au chocolat

Préparation : 1 heure • Repos : 24 heures • Cuisson : 25 minutes • Difficulté : ★★ Budget : ★★

Pour 40 macarons

Pour les coques

- **200 g de sucre glace**
- **110 g de poudre d'amandes**
- **95 g de blancs d'œufs**
- **30 g de sucre**
- **Colorant alimentaire brun**

Pour la garniture

- **12 cl de crème liquide entière**
- **120 g de chocolat noir**

Mixez le sucre glace et la poudre d'amandes pour obtenir une poudre très fine. Montez les blancs d'œufs en neige avec une pincée de sucre. Quand le mélange commence à mousser, ajoutez petit à petit le sucre. Lorsque tout le sucre est incorporé, augmentez doucement la vitesse du batteur et fouettez jusqu'à l'obtention d'une belle meringue qui forme « un bec d'oiseau » lorsqu'on soulève les fouets. Ajoutez du colorant alimentaire brun.

Ajoutez un tiers de mélange poudre d'amandes-sucre glace, mélangez à la spatule pour assouplir la masse. Ajoutez le restant de poudre et mélangez délicatement à la spatule en soulevant la masse, en raclant bien les bords et le fond. Mélangez suffisamment pour lisser la pâte mais sans la liquéfier pour qu'elle ne s'étale pas trop.

Remplissez une poche munie d'une douille de 8 mm et dressez les macarons sur 2 plaques de cuisson superposées et couvertes de papier sulfurisé. Espacez-les suffisamment et décalez les rangées en quinconce pour uniformiser le passage de la chaleur. Tapez avec le plat de la main sous les plaques pour uniformiser les macarons et chasser les bulles d'air. Laissez croûter (sécher) 30 minutes.

Placez au four pour 15 minutes à 150 °C (th. 5). Retournez les plaques à mi-cuisson. Sortez les macarons du four, faites glisser les feuilles de papier sulfurisé avec les coques sur le plan de travail et laissez-les refroidir complètement avant de les décoller.

Chauffez la crème liquide dans une casserole jusqu'à ébullition. Versez-la en trois fois sur le chocolat en mélangeant bien à chaque fois afin d'obtenir une ganache onctueuse et lisse. Laissez refroidir puis avant que la ganache n'épaississe complètement, garnissez les macarons à l'aide d'une poche à douille. Réservez 24 heures au réfrigérateur avant de déguster.

Macarons au jasmin

Préparation : 1 heure • Repos : 24 heures • Cuisson : 25 minutes • Difficulté : ★★ Budget : ★★

Pour 40 macarons

Pour les coques

- **200 g de sucre glace**
- **110 g de poudre d'amandes**
- **95 g de blancs d'œufs**
- **30 g de sucre**
- **Colorant alimentaire irisé argent**

Pour la garniture

- **150 g de chocolat blanc**
- **6 cl de crème liquide entière**
- **Arôme jasmin**

Mixez le sucre glace et la poudre d'amandes pour obtenir une poudre très fine. Montez les blancs d'œufs en neige avec une pincée de sucre. Quand le mélange commence à mousser, ajoutez petit à petit le sucre. Lorsque tout le sucre est incorporé, augmentez doucement la vitesse du batteur et fouettez jusqu'à l'obtention d'une belle meringue qui forme « un bec d'oiseau » lorsqu'on soulève les fouets.

Ajoutez un tiers de mélange poudre d'amandes-sucre glace, mélangez à la spatule pour assouplir la masse. Ajoutez le restant de poudre et mélangez délicatement à la spatule en soulevant la masse, en raclant bien les bords et le fond. Mélangez suffisamment pour lisser la pâte mais sans la liquéfier pour qu'elle ne s'étale pas trop.

Remplissez une poche munie d'une douille de 8 mm et dressez les macarons sur 2 plaques de cuisson superposées et couvertes de papier sulfurisé. Espacez-les suffisamment et décalez les rangées en quinconce pour uniformiser le passage de la chaleur. Tapez avec le plat de la main sous les plaques pour uniformiser les macarons et chasser les bulles d'air. Laissez croûter (sécher) 30 minutes.

Placez au four pour 15 minutes à 150 °C (th. 5). Retournez les plaques à mi-cuisson. Sortez les macarons du four, faites glisser les feuilles de papier sulfurisé avec les coques sur le plan de travail et laissez-les refroidir complètement avant de les décoller. À l'aide d'un pinceau sec, couvrez les coques de poudre irisée argent.

Mettez le chocolat à fondre avec la crème au bain-marie. Lorsque la ganache est homogène et onctueuse, ajoutez l'arôme de jasmin. Laissez refroidir et lorsque la ganache est plus ferme, garnissez les macarons à l'aide d'une poche à douille. Réservez 24 heures au réfrigérateur avant de déguster.

Macarons au nougat

Préparation : 1 heure • Repos : 24 heures • Cuisson : 25 minutes • Difficulté : ★★ Budget : ★★

Pour 40 macarons

Pour les coques
- **200 g de sucre glace**
- **110 g de poudre d'amandes**
- **95 g de blancs d'œufs**
- **30 g de sucre**
- **Colorant alimentaire crème**

Pour la garniture
- **200 g de nougats tendres**
- **6 cl de crème liquide entière**

Mixez le sucre glace et la poudre d'amandes pour obtenir une poudre très fine. Montez les blancs d'œufs en neige avec une pincée de sucre. Quand le mélange commence à mousser, ajoutez petit à petit le sucre. Lorsque tout le sucre est incorporé, augmentez doucement la vitesse du batteur et fouettez jusqu'à l'obtention d'une belle meringue qui forme « un bec d'oiseau » lorsqu'on soulève les fouets. Ajoutez du colorant alimentaire crème.

Ajoutez un tiers de mélange poudre d'amandes-sucre glace, mélangez à la spatule pour assouplir la masse. Ajoutez le restant de poudre et mélangez délicatement à la spatule en soulevant la masse, en raclant bien les bords et le fond. Mélangez suffisamment pour lisser la pâte mais sans la liquéfier pour qu'elle ne s'étale pas trop.

Remplissez une poche munie d'une douille de 8 mm et dressez les macarons sur 2 plaques de cuisson superposées et couvertes de papier sulfurisé. Espacez-les suffisamment et décalez les rangées en quinconce pour uniformiser le passage de la chaleur. Tapez avec le plat de la main sous les plaques pour uniformiser les macarons et chasser les bulles d'air. Laissez croûter (sécher) 30 minutes.

Placez au four pour 15 minutes à 150 °C (th. 5). Retournez les plaques à mi-cuisson. Sortez les macarons du four, faites glisser les feuilles de papier sulfurisé avec les coques sur le plan de travail et laissez-les refroidir complètement avant de les décoller.

Coupez les nougats en morceaux, surtout les amandes. Placez-les dans une casserole avec la crème et faites-les fondre sur feu doux. Laissez refroidir et garnissez les macarons à l'aide d'une poche à douille. Réservez 24 heures au réfrigérateur avant de déguster.

Macarons aux amandes

Préparation : 1 heure • Repos : 24 heures • Cuisson : 25 minutes • Difficulté : ★★ Budget : ★★

Pour 40 macarons

Pour les coques
- 200 g de sucre glace
- 110 g de poudre d'amandes
- 95 g de blancs d'œufs
- 30 g de sucre
- Colorant alimentaire crème

Pour la garniture
- 100 g de poudre d'amandes
- 60 g de sucre glace
- 6 cl de crème liquide entière
- 80 g de beurre

Mixez le sucre glace et la poudre d'amandes pour obtenir une poudre très fine. Montez les blancs d'œufs en neige avec une pincée de sucre. Quand le mélange commence à mousser, ajoutez petit à petit le sucre. Lorsque tout le sucre est incorporé, augmentez doucement la vitesse du batteur et fouettez jusqu'à l'obtention d'une belle meringue qui forme « un bec d'oiseau » lorsqu'on soulève les fouets. Ajoutez du colorant alimentaire crème.

Ajoutez un tiers de mélange poudre d'amandes-sucre glace, mélangez à la spatule pour assouplir la masse. Ajoutez le restant de poudre et mélangez délicatement à la spatule en soulevant la masse, en raclant bien les bords et le fond. Mélangez suffisamment pour lisser la pâte mais sans la liquéfier pour qu'elle ne s'étale pas trop

Remplissez une poche munie d'une douille de 8 mm et dressez les macarons sur 2 plaques de cuisson superposées et couvertes de papier sulfurisé. Espacez-les suffisamment et décalez les rangées en quinconce pour uniformiser le passage de la chaleur. Tapez avec le plat de la main sous les plaques pour uniformiser les macarons et chasser les bulles d'air. Laissez croûter (sécher) 30 minutes.

Placez au four pour 15 minutes à 150 °C (th. 5). Retournez les plaques à mi-cuisson. Sortez les macarons du four, faites glisser les feuilles de papier sulfurisé avec les coques sur le plan de travail et laissez-les refroidir complètement avant de les décoller.

Étalez la poudre d'amandes sur une plaque recouverte de papier de cuisson. Torréfiez-la 10 minutes à 180 °C (th. 6), elle doit brunir légèrement. Laissez-la refroidir puis mélangez-la au sucre glace. Ajoutez la crème, le beurre pommade et fouettez l'ensemble. Garnissez les macarons à l'aide d'une poche à douille. Réservez 24 heures au réfrigérateur avant de déguster.

Macarons café et chocolat blanc

Préparation : 1 heure • Repos : 24 heures • Cuisson : 25 minutes • Difficulté : ★★ Budget : ★★

Pour 40 macarons

Pour les coques
- **200 g de sucre glace**
- **110 g de poudre d'amandes**
- **95 g de blancs d'œufs**
- **30 g de sucre**
- **Colorant alimentaire brun**
- **Colorant alimentaire vert**

Pour la garniture
- **150 g de chocolat blanc**
- **6 cl de crème liquide entière**
- **2 cuil. à café d'extrait naturel de café**

Mixez le sucre glace et la poudre d'amandes pour obtenir une poudre très fine. Montez les blancs d'œufs en neige avec une pincée de sucre. Quand le mélange commence à mousser, ajoutez petit à petit le sucre. Lorsque tout le sucre est incorporé, augmentez doucement la vitesse du batteur et fouettez jusqu'à l'obtention d'une belle meringue qui forme « un bec d'oiseau » lorsqu'on soulève les fouets. Ajoutez du colorant alimentaire brun et vert en très petites quantités.

Ajoutez un tiers de mélange poudre d'amandes-sucre glace, mélangez à la spatule pour assouplir la masse. Ajoutez le restant de poudre et mélangez délicatement à la spatule en soulevant la masse, en raclant bien les bords et le fond. Mélangez suffisamment pour lisser la pâte mais sans la liquéfier pour qu'elle ne s'étale pas trop.

Remplissez une poche munie d'une douille de 8 mm et dressez les macarons sur 2 plaques de cuisson superposées et couvertes de papier sulfurisé. Espacez-les suffisamment et décalez les rangées en quinconce pour uniformiser le passage de la chaleur. Tapez avec le plat de la main sous les plaques pour uniformiser les macarons et chasser les bulles d'air. Laissez croûter (sécher) 30 minutes.

Placez au four pour 15 minutes à 150 °C (th. 5). Retournez les plaques à mi-cuisson. Sortez les macarons du four, faites glisser les feuilles de papier sulfurisé avec les coques sur le plan de travail et laissez-les refroidir complètement avant de les décoller.

Mettez le chocolat à fondre avec la crème au bain-marie. Lorsque la ganache est homogène et onctueuse, ajoutez l'extrait de café. Laissez refroidir et lorsque la ganache est plus ferme, garnissez les macarons à l'aide d'une poche à douille. Réservez 24 heures au réfrigérateur avant de déguster.

Macarons cassis violette

Préparation : 1 heure • Repos : 24 heures • Cuisson : 20 minutes • Difficulté : ★★ Budget : ★★

Pour 40 macarons

Pour les coques

- **200 g de sucre glace**
- **110 g de poudre d'amandes**
- **95 g de blancs d'œufs**
- **30 g de sucre**
- **Colorant alimentaire bleu**
- **Colorant alimentaire rouge**

Pour la garniture

- **160 g de purée de cassis**
- **2 feuilles de gélatine**
- **120 g de chocolat blanc**
- **Arôme violette**

Mixez le sucre glace et la poudre d'amandes pour obtenir une poudre très fine. Montez les blancs d'œufs en neige avec une pincée de sucre. Quand le mélange commence à mousser, ajoutez petit à petit le sucre. Lorsque tout le sucre est incorporé, augmentez doucement la vitesse du batteur et fouettez jusqu'à l'obtention d'une belle meringue qui forme « un bec d'oiseau » lorsqu'on soulève les fouets. Ajoutez un peu de chaque colorant alimentaire.

Ajoutez un tiers de mélange poudre d'amandes-sucre glace, mélangez à la spatule pour assouplir la masse. Ajoutez le restant de poudre et mélangez délicatement à la spatule en soulevant la masse, en raclant bien les bords et le fond. Mélangez suffisamment pour lisser la pâte mais sans la liquéfier pour qu'elle ne s'étale pas trop.

Remplissez une poche munie d'une douille de 8 mm et dressez les macarons sur 2 plaques de cuisson superposées et couvertes de papier sulfurisé. Espacez-les suffisamment et décalez les rangées en quinconce pour uniformiser le passage de la chaleur. Tapez avec le plat de la main sous les plaques pour uniformiser les macarons et chasser les bulles d'air. Laissez croûter (sécher) 30 minutes.

Placez au four pour 15 minutes à 150 °C (th. 5). Retournez les plaques à mi-cuisson. Sortez les macarons du four, faites glisser les feuilles de papier sulfurisé avec les coques sur le plan de travail et laissez-les refroidir complètement avant de les décoller.

Mettez la purée de cassis à chauffer. Hors du feu, ajoutez les feuilles de gélatine ramollies dans l'eau froide et essorées. Incorporez le chocolat blanc et mélangez jusqu'à ce qu'il soit totalement fondu. Ajoutez quelques gouttes d'arôme de violette.

Laissez refroidir et épaissir puis garnissez les macarons avant la gélification complète de la ganache à l'aide d'une poche à douille et réservez 24 heures au frais avant de déguster.

Macarons chocolat et éclats de noisette

Préparation : 1 heure • Repos : 24 heures • Cuisson : 30 minutes • Difficulté :★★ Budget : ★★

Pour 40 macarons

Pour les coques
- **200 g de sucre glace**
- **110 g de poudre d'amandes**
- **95 g de blancs d'œufs**
- **30 g de sucre**
- **Colorant alimentaire brun**

Pour la garniture
- **50 g de noisettes (émondées)**
- **1 cuil. à soupe de sucre**
- **8 cl de crème liquide entière**
- **140 g de chocolat au lait**

Mixez le sucre glace et la poudre d'amandes pour obtenir une poudre très fine. Montez les blancs d'œufs en neige avec une pincée de sucre. Quand le mélange commence à mousser, ajoutez petit à petit le sucre. Lorsque tout le sucre est incorporé, augmentez doucement la vitesse du batteur et fouettez jusqu'à l'obtention d'une belle meringue qui forme « un bec d'oiseau » lorsqu'on soulève les fouets. Ajoutez du colorant alimentaire brun. Ajoutez un tiers de mélange poudre d'amandes-sucre glace, mélangez à la spatule pour assouplir la masse. Ajoutez le restant de poudre et mélangez délicatement à la spatule en soulevant la masse, en raclant bien les bords et le fond. Mélangez suffisamment pour lisser la pâte mais sans la liquéfier pour qu'elle ne s'étale pas trop. Remplissez une poche munie d'une douille de 8 mm et dressez les macarons sur 2 plaques de cuisson superposées et couvertes de papier sulfurisé. Espacez-les suffisamment et décalez les rangées en quinconce pour uniformiser le passage de la chaleur. Tapez avec le plat de la main sous les plaques pour uniformiser les macarons et chasser les bulles d'air. Répartissez quelques éclats de noisettes sur les coques puis laissez croûter (sécher) 30 minutes.

Placez au four pour 15 minutes à 150 °C (th. 5). Retournez les plaques à mi-cuisson. Sortez les macarons du four, faites glisser les feuilles de papier sulfurisé avec les coques sur le plan de travail et laissez-les refroidir complètement avant de les décoller.

Placez les noisettes sur une plaque recouverte de papier de cuisson et mettez au four 10 minutes à 180 °C (th. 6). Laissez-les refroidir puis hachez-les grossièrement. Ajoutez le sucre, mélangez, étalez le mélange sur le papier de cuisson et enfournez à nouveau 5 minutes pour caraméliser les éclats de noisettes. Laissez refroidir. Chauffez la crème liquide dans une casserole jusqu'à ébullition. Versez-la en trois fois sur le chocolat en mélangeant bien à chaque fois afin d'obtenir une ganache onctueuse et lisse. Ajoutez la moitié des éclats de noisettes et laissez refroidir. Avant que la ganache n'épaississe complètement, garnissez les macarons à l'aide d'une poche à douille. Collez les éclats de noisettes restants sur la ganache. Réservez 24 heures au réfrigérateur avant de déguster.

Macarons chocolat et sel de Guérande

Préparation : 1 heure • Repos : 24 heures • Cuisson : 25 minutes • Difficulté : ★★ Budget : ★★

Pour 40 macarons

Pour les coques

- 200 g de sucre glace
- 110 g de poudre d'amandes
- 95 g de blancs d'œufs
- 30 g de sucre
- Colorant alimentaire brun

Pour la garniture

- 8 cl de crème liquide entière
- 120 g de chocolat noir
- 40 g de beurre
- Fleur de sel de Guérande

Mixez le sucre glace et la poudre d'amandes pour obtenir une poudre très fine. Montez les blancs d'œufs en neige avec une pincée de sucre. Quand le mélange commence à mousser, ajoutez petit à petit le sucre. Lorsque tout le sucre est incorporé, augmentez doucement la vitesse du batteur et fouettez jusqu'à l'obtention d'une belle meringue qui forme « un bec d'oiseau » lorsqu'on soulève les fouets. Ajoutez du colorant alimentaire brun.

Ajoutez un tiers de mélange poudre d'amandes-sucre glace, mélangez à la spatule pour assouplir la masse. Ajoutez le restant de poudre et mélangez délicatement à la spatule en soulevant la masse, en raclant bien les bords et le fond. Mélangez suffisamment pour lisser la pâte mais sans la liquéfier pour qu'elle ne s'étale pas trop.

Remplissez une poche munie d'une douille de 8 mm et dressez les macarons sur 2 plaques de cuisson superposées et couvertes de papier sulfurisé. Espacez-les suffisamment et décalez les rangées en quinconce pour uniformiser le passage de la chaleur. Tapez avec le plat de la main sous les plaques pour uniformiser les macarons et chasser les bulles d'air. Laissez croûter (sécher) 30 minutes.

Placez au four pour 15 minutes à 150 °C (th. 5). Retournez les plaques à mi-cuisson. Sortez les macarons du four, faites glisser les feuilles de papier sulfurisé avec les coques sur le plan de travail et laissez-les refroidir complètement avant de les décoller.

Chauffez la crème liquide dans une casserole jusqu'à ébullition. Versez-la en trois fois sur le chocolat en mélangeant bien à chaque fois afin d'obtenir une ganache onctueuse et lisse. Ajoutez le beurre et une pincée de fleur de sel. Laissez refroidir. Avant que la ganache n'épaississe complètement, garnissez les macarons à l'aide d'une poche à douille. Réservez 24 heures au réfrigérateur avant de déguster.

Macarons façon tatin

Préparation : 1 h 30 • Repos : 24 heures • Cuisson : 20 minutes • Difficulté : ★★ Budget : ★★

Pour 40 macarons

Pour les coques
- 200 g de sucre glace
- 110 g de poudre d'amandes
- 95 g de blancs d'œufs
- 30 g de sucre
- Colorant alimentaire brun
- Colorant alimentaire jaune

Pour les pommes
- 2 pommes
- 15 g de beurre
- 10 cl de jus de pomme

Pour la garniture
- 10 cl de lait
- 1 gousse de vanille
- 1 œuf
- 20 g de sucre
- 10 g de Maïzena®
- 100 g de beurre

Mixez le sucre glace et la poudre d'amandes pour obtenir une poudre très fine. Montez les blancs d'œufs en neige avec une pincée de sucre. Quand le mélange commence à mousser, ajoutez petit à petit le sucre. Lorsque tout le sucre est incorporé, augmentez doucement la vitesse du batteur et fouettez jusqu'à l'obtention d'une belle meringue qui forme « un bec d'oiseau » lorsqu'on soulève les fouets. Ajoutez du colorant alimentaire brun et jaune. Ajoutez un tiers de mélange poudre d'amandes-sucre glace, mélangez à la spatule pour assouplir la masse. Ajoutez le restant de poudre et mélangez délicatement à la spatule en soulevant la masse, en raclant bien les bords et le fond. Mélangez suffisamment pour lisser la pâte mais sans la liquéfier pour qu'elle ne s'étale pas trop.

Remplissez une poche munie d'une douille de 8 mm et dressez les macarons sur 2 plaques de cuisson superposées et couvertes de papier sulfurisé. Espacez-les suffisamment et décalez les rangées en quinconce pour uniformiser le passage de la chaleur. Tapez avec le plat de la main sous les plaques pour uniformiser les macarons et chasser les bulles d'air. Laissez croûter (sécher) 30 minutes. Placez au four pour 15 minutes à 150 °C (th. 5). Retournez les plaques à mi-cuisson. Sortez les macarons du four, faites glisser les feuilles de papier sulfurisé avec les coques sur le plan de travail et laissez-les refroidir complètement avant de les décoller.

Épluchez les pommes et coupez-les en petits dés. Mettez le beurre à fondre dans une poêle, mettez les pommes à dorer 2 minutes. Ajoutez le jus de pomme et laissez cuire jusqu'à ce qu'il s'évapore. Laissez refroidir. Portez le lait à ébullition avec la gousse de vanille fendue en deux. Fouettez l'œuf et le sucre jusqu'à ce que le mélange blanchisse. Ajoutez la Maïzena. Versez le lait bouillant après avoir retiré la gousse de vanille et gratté les graines. Faites épaissir à feu doux. Laissez refroidir. Battez le beurre en pommade à l'aide d'un fouet électrique et ajoutez petit à petit la crème à la vanille. Garnissez les macarons à l'aide d'une poche à douille, déposez des morceaux de pomme et réservez 24 heures au frais avant de déguster.

Macarons framboise et rose

Préparation : 1 heure • Repos : 24 heures • Cuisson : 25 minutes • Difficulté : ★★ Budget : ★★

Pour 30 macarons

Pour les coques

- **200 g de sucre glace**
- **110 g de poudre d'amandes**
- **95 g de blancs d'œufs**
- **30 g de sucre**
- **Colorant alimentaire rouge**

Pour la garniture

- **140 g de coulis de framboises**
- **2 feuilles de gélatine**
- **120 g de chocolat blanc**
- **Arôme de rose**

Mixez le sucre glace et la poudre d'amandes pour obtenir une poudre très fine. Montez les blancs d'œufs en neige avec une pincée de sucre. Quand le mélange commence à mousser, ajoutez petit à petit le sucre. Lorsque tout le sucre est incorporé, augmentez doucement la vitesse du batteur et fouettez jusqu'à l'obtention d'une belle meringue qui forme « un bec d'oiseau » lorsqu'on soulève les fouets. Ajoutez du colorant alimentaire rouge en très petite quantité.

Ajoutez un tiers de mélange poudre d'amandes-sucre glace, mélangez à la spatule pour assouplir la masse. Ajoutez le restant de poudre et mélangez délicatement à la spatule en soulevant la masse, en raclant bien les bords et le fond. Mélangez suffisamment pour lisser la pâte mais sans la liquéfier pour qu'elle ne s'étale pas trop.

Remplissez une poche munie d'une douille de 8 mm et dressez les macarons sur 2 plaques de cuisson superposées et couvertes de papier sulfurisé. Espacez-les suffisamment et décalez les rangées en quinconce pour uniformiser le passage de la chaleur. Tapez avec le plat de la main sous les plaques pour uniformiser les macarons et chasser les bulles d'air. Laissez croûter (sécher) 30 minutes.

Placez au four pour 15 minutes à 150 °C (th. 5). Retournez les plaques à mi-cuisson. Sortez les macarons du four, faites glisser les feuilles de papier sulfurisé avec les coques sur le plan de travail et laissez-les refroidir complètement avant de les décoller.

Mettez le coulis de framboises à chauffer, ajoutez la gélatine préalablement ramollie dans l'eau froide et essorée. Ajoutez le chocolat blanc et mélangez jusqu'à ce qu'il soit totalement fondu. Ajoutez quelques gouttes d'arôme de rose à votre goût. Laissez refroidir puis garnissez les macarons à l'aide d'une poche à douille. Réservez 24 heures au réfrigérateur avant de déguster.

Macarons mûre et lavande

Préparation : 1 heure • Repos : 24 heures • Cuisson : 30 minutes • Difficulté : ★★ Budget : ★★

Pour 40 macarons

Pour les coques
- **200 g de sucre glace**
- **110 g de poudre d'amandes**
- **95 g de blancs d'œufs**
- **30 g de sucre**
- **Colorant alimentaire bleu**
- **Colorant alimentaire rouge**

Pour la garniture
- **250 g de mûres**
- **20 g de sucre**
- **2 feuilles de gélatine**
- **120 g de chocolat blanc**
- **2 cuil. à soupe de sirop de lavande**

Mixez le sucre glace et la poudre d'amandes pour obtenir une poudre très fine. Montez les blancs d'œufs en neige avec une pincée de sucre. Quand le mélange commence à mousser, ajoutez petit à petit le sucre. Lorsque tout le sucre est incorporé, augmentez doucement la vitesse du batteur et fouettez jusqu'à l'obtention d'une belle meringue qui forme « un bec d'oiseau » lorsqu'on soulève les fouets. Ajoutez du colorant alimentaire bleu et rouge.

Ajoutez un tiers de mélange poudre d'amandes-sucre glace, mélangez à la spatule pour assouplir la masse. Ajoutez le restant de poudre et mélangez délicatement à la spatule en soulevant la masse, en raclant bien les bords et le fond. Mélangez suffisamment pour lisser la pâte mais sans la liquéfier pour qu'elle ne s'étale pas trop.

Remplissez une poche munie d'une douille de 8 mm et dressez les macarons sur 2 plaques de cuisson superposées et couvertes de papier sulfurisé. Espacez-les suffisamment et décalez les rangées en quinconce pour uniformiser le passage de la chaleur. Tapez avec le plat de la main sous les plaques pour uniformiser les macarons et chasser les bulles d'air. Laissez croûter (sécher) 30 minutes. Placez au four pour 15 minutes à 150 °C (th. 5). Retournez les plaques à mi-cuisson. Sortez les macarons du four, faites glisser les feuilles de papier sulfurisé avec les coques sur le plan de travail et laissez-les refroidir complètement avant de les décoller.

Mettez les mûres à cuire 15 minutes avec le sucre. Réduisez-les en purée puis passez-les au chinois pour retirer les grains. Mettez la purée de mûres à chauffer, hors du feu, ajoutez les feuilles de gélatine préalablement ramollies dans l'eau froide et essorées. Incorporez le chocolat blanc et mélangez jusqu'à ce qu'il soit totalement fondu. Ajoutez le sirop de lavande. Laissez refroidir et épaissir puis garnissez les macarons avant la gélification complète de la ganache à l'aide d'une poche à douille et réservez 24 heures au frais avant de déguster.

Macarons myrtille

Préparation : 1 heure • Repos : 24 heures • Cuisson : 15 minutes • Difficulté : ★★ Budget : ★★

Pour 40 macarons

Pour les coques

- 200 g de sucre glace
- 110 g de poudre d'amandes
- 95 g de blancs d'œufs
- 30 g de sucre
- Colorant alimentaire noir
- Colorant alimentaire irisé argent

Pour la garniture

- 250 g de myrtilles
- 20 g de sucre
- 2 feuilles de gélatine
- 120 g de chocolat blanc

Mixez le sucre glace et la poudre d'amandes pour obtenir une poudre très fine. Montez les blancs d'œufs en neige avec une pincée de sucre. Quand le mélange commence à mousser, ajoutez petit à petit le sucre. Lorsque tout le sucre est incorporé, augmentez doucement la vitesse du batteur et fouettez jusqu'à l'obtention d'une belle meringue qui forme « un bec d'oiseau » lorsqu'on soulève les fouets. Ajoutez du colorant alimentaire noir (en petite quantité, certains colorants noirs donne du bleu). Saupoudrez de colorant alimentaire irisé argent. Ajoutez un tiers de mélange poudre d'amandes-sucre glace, mélangez à la spatule pour assouplir la masse. Ajoutez le restant de poudre et mélangez délicatement à la spatule en soulevant la masse, en raclant bien les bords et le fond. Mélangez suffisamment pour lisser la pâte mais sans la liquéfier pour qu'elle ne s'étale pas trop.

Remplissez une poche munie d'une douille de 8 mm et dressez les macarons sur 2 plaques de cuisson superposées et couvertes de papier sulfurisé. Espacez-les suffisamment et décalez les rangées en quinconce pour uniformiser le passage de la chaleur. Tapez avec le plat de la main sous les plaques pour uniformiser les macarons et chasser les bulles d'air. Laissez croûter (sécher) 30 minutes. Placez au four pour 15 minutes à 150 °C (th. 5). Retournez les plaques à mi-cuisson. Sortez les macarons du four, faites glisser les feuilles de papier sulfurisé avec les coques sur le plan de travail et laissez-les refroidir complètement avant de les décoller. À l'aide d'un pinceau sec, décorez les coques de poudre alimentaire argent.

Mettez les myrtilles à cuire 15 minutes avec le sucre. Réduisez-les en purée puis passez-les au chinois pour retirer les grains. Mettez la purée de myrtilles à chauffer, hors du feu, ajoutez les feuilles de gélatine ramollies dans l'eau froide et essorées. Incorporez le chocolat blanc et mélangez jusqu'à ce qu'il soit totalement fondu. Laissez refroidir et épaissir puis garnissez les macarons avant la gélification complète de la ganache à l'aide d'une poche à douille et réservez 24 heures au frais avant de déguster.

Macarons normands

Préparation : 1 heure • Repos : 24 heures • Cuisson : 35 minutes • Difficulté : ★★ Budget : ★★

Pour 40 macarons

Pour les coques

- **200 g de sucre glace**
- **110 g de poudre d'amandes**
- **95 g de blancs d'œufs**
- **30 g de sucre**
- **Colorant alimentaire vert**

Pour la garniture

- **250 g de pommes**
- **60 g de sucre**
- **2 cuil. à soupe de calvados**
- **2 feuilles de gélatine**

Mixez le sucre glace et la poudre d'amandes pour obtenir une poudre très fine. Montez les blancs d'œufs en neige avec une pincée de sucre. Quand le mélange commence à mousser, ajoutez petit à petit le sucre. Lorsque tout le sucre est incorporé, augmentez doucement la vitesse du batteur et fouettez jusqu'à l'obtention d'une belle meringue qui forme « un bec d'oiseau » lorsqu'on soulève les fouets. Ajoutez du colorant alimentaire vert.

Ajoutez un tiers de mélange poudre d'amandes-sucre glace, mélangez à la spatule pour assouplir la masse. Ajoutez le restant de poudre et mélangez délicatement à la spatule en soulevant la masse, en raclant bien les bords et le fond. Mélangez suffisamment pour lisser la pâte mais sans la liquéfier pour qu'elle ne s'étale pas trop.

Remplissez une poche munie d'une douille de 8 mm et dressez les macarons sur 2 plaques de cuisson superposées et couvertes de papier sulfurisé. Espacez-les suffisamment et décalez les rangées en quinconce pour uniformiser le passage de la chaleur. Tapez avec le plat de la main sous les plaques pour uniformiser les macarons et chasser les bulles d'air. Laissez croûter (sécher) 30 minutes.

Placez au four pour 15 minutes à 150 °C (th. 5). Retournez les plaques à mi-cuisson. Sortez les macarons du four, faites glisser les feuilles de papier sulfurisé avec les coques sur le plan de travail et laissez-les refroidir complètement avant de les décoller.

Épluchez et coupez les pommes en dés. Placez-les dans une casserole avec le sucre et le calvados. Laissez compoter sur feu doux 20 minutes en mélangeant régulièrement. Ajoutez les feuilles de gélatine préalablement ramollies dans l'eau froide et essorées, mélangez bien puis laissez refroidir. Garnissez les macarons et réservez 24 heures au frais avant de déguster.

Macarons pralinés feuilletés

Préparation : 1 heure • Repos : 24 heures • Cuisson : 25 minutes • Difficulté : ★★ Budget : ★★

Pour 40 macarons

Pour les coques
- **200 g de sucre glace**
- **60 g de poudre d'amandes**
- **50 g de poudre de noisettes**
- **95 g de blancs d'œufs**
- **30 g de sucre**

Pour le praliné feuilleté
- **60 g de pâte de pralin**
- **15 g de chocolat blanc**
- **30 g de Gavottes®**

Pour la garniture
- **10 cl de lait**
- **1 œuf**
- **15 g de sucre**
- **10 g de Maïzena®**
- **1 cuil. à soupe de pâte de pralin**
- **100 g de beurre**

Mixez le sucre glace, la poudre d'amandes et la poudre de noisettes pour obtenir une poudre très fine. Montez les blancs d'œufs en neige avec une pincée de sucre. Quand le mélange commence à mousser, ajoutez petit à petit le sucre. Lorsque tout le sucre est incorporé, augmentez doucement la vitesse du batteur et fouettez jusqu'à l'obtention d'une belle meringue qui forme « un bec d'oiseau » lorsqu'on soulève les fouets. Ajoutez un tiers de mélange de poudre, mélangez à la spatule pour assouplir la masse. Ajoutez le restant de poudre et mélangez délicatement à la spatule en soulevant la masse, en raclant bien les bords et le fond. Mélangez suffisamment pour lisser la pâte mais sans la liquéfier pour qu'elle ne s'étale pas trop. Remplissez une poche munie d'une douille de 8 mm et dressez les macarons sur 2 plaques de cuisson superposées et couvertes de papier sulfurisé. Espacez-les suffisamment et décalez les rangées en quinconce pour uniformiser le passage de la chaleur. Tapez avec le plat de la main sous les plaques pour uniformiser les macarons et chasser les bulles d'air. Laissez croûter (sécher) 30 minutes. Placez au four pour 15 minutes à 150 °C (th. 5). Retournez les plaques à mi-cuisson. Sortez les macarons du four, faites glisser les feuilles de papier sulfurisé avec les coques sur le plan de travail et laissez-les refroidir complètement avant de les décoller. Faites fondre la pâte de pralin et le chocolat blanc au micro-ondes. Incorporez les crêpes Gavottes écrasées. Mélangez bien et étalez la préparation en couche fine à l'aide du dos d'une cuillère à soupe sur une plaque en silicone ou une feuille de papier sulfurisé. Laissez durcir au frais. Portez le lait à ébullition. Fouettez l'œuf et le sucre jusqu'à ce que le mélange blanchisse. Ajoutez la Maïzena. Versez le lait bouillant puis faites épaissir à feu doux. Ajoutez la pâte de pralin et laissez refroidir.

Battez le beurre en pommade à l'aide d'un fouet électrique et ajoutez petit à petit la crème pralinée. Placez un peu de crème sur les 2 coques de chaque macaron à l'aide d'une poche à douille, placez un peu de feuilleté praliné au centre et réservez 24 heures au frais avant de déguster.

Macarons tutti frutti

Préparation : 1 heure • Repos : 24 heures • Cuisson : 35 minutes • Difficulté : ★★ Budget : ★★

Pour 40 macarons

Pour les coques

- **200 g de sucre glace**
- **110 g de poudre d'amandes**
- **95 g de blancs d'œufs**
- **30 g de sucre**
- **Colorant alimentaire rouge**
- **2 cuil. à café de perles de sucre**

Pour la garniture

- **70 abricots**
- **50 g de fraises**
- **50 g de groseilles**
- **50 g de pommes**
- **30 g de sucre**
- **1 cuil. à soupe de sirop de grenadine**
- **2 feuilles de gélatine**

Mixez le sucre glace et la poudre d'amandes pour obtenir une poudre très fine. Montez les blancs d'œufs en neige avec une pincée de sucre. Quand le mélange commence à mousser, ajoutez petit à petit le sucre. Lorsque tout le sucre est incorporé, augmentez doucement la vitesse du batteur et fouettez jusqu'à l'obtention d'une belle meringue qui forme « un bec d'oiseau » lorsqu'on soulève les fouets. Ajoutez du colorant alimentaire rouge.

Ajoutez un tiers de mélange poudre d'amandes-sucre glace, mélangez à la spatule pour assouplir la masse. Ajoutez le restant de poudre et mélangez délicatement à la spatule en soulevant la masse, en raclant bien les bords et le fond. Mélangez suffisamment pour lisser la pâte mais sans la liquéfier pour qu'elle ne s'étale pas trop.

Remplissez une poche munie d'une douille de 8 mm et dressez les macarons sur 2 plaques de cuisson superposées et couvertes de papier sulfurisé. Espacez-les suffisamment et décalez les rangées en quinconce pour uniformiser le passage de la chaleur. Tapez avec le plat de la main sous les plaques pour uniformiser les macarons et chasser les bulles d'air. Saupoudrez de perles de sucre. Laissez croûter (sécher) 30 minutes.

Placez au four pour 15 minutes à 150 °C (th. 5). Retournez les plaques à mi-cuisson. Sortez les macarons du four, faites glisser les feuilles de papier sulfurisé avec les coques sur le plan de travail et laissez-les refroidir complètement avant de les décoller.

Lavez les fruits, coupez-les en morceaux et placez-les dans une casserole avec le sucre et le sirop de grenadine. Laissez compoter sur feu doux 20 minutes en mélangeant régulièrement. Mixez l'ensemble et passez la purée de fruits au tamis pour retirer les graines. Ajoutez les feuilles de gélatine ramollies dans l'eau froide et essorées, mélangez bien puis laissez refroidir. Garnissez les macarons à l'aide d'une poche à douille et réservez 24 heures au frais avant de déguster.

Mini cakes à la cannelle

Préparation : 20 minutes • Cuisson : 15 minutes • Difficulté : ★★ Budget : ★

Pour 12 pièces

- **450 g de farine**
- **200 g de sucre**
- **1 sachet de levure chimique**
- **2 cuil. à soupe de cannelle en poudre**
- **200 g de beurre**
- **4 œufs**
- **40 cl de lait**
- **Sel**

Dans une terrine, mélangez la farine, le sucre, la levure, trois pincées de sel et la cannelle. Creusez un puits et ajoutez le beurre fondu et les œufs. Incorporez-les progressivement pour ne pas faire de grumeaux puis versez peu à peu le lait. Remuez bien pour obtenir une pâte homogène.

Préchauffez le four à 200 °C (th. 6-7). Beurrez des petits moules individuels et versez la pâte. Enfournez pour 15 minutes.

Laissez refroidir, démoulez et servez.

Mini cakes au tendre cœur de chocolat

Préparation : 20 minutes • Cuisson : 40 minutes • Difficulté : ★★ Budget : ★

- 100 g de chocolat à 52 % de cacao
- 5 cl de crème liquide
- 10 g de beurre
- 150 g de sucre
- 1 sachet de sucre vanillé
- 3 œufs
- 1 yaourt nature
- 6 cl d'huile de tournesol
- 200 g de farine
- ½ sachet de levure chimique

Préchauffez votre four à 180 °C (th. 6).

Coupez le chocolat en morceaux et faites-le fondre au bain-marie.

Faites chauffer la crème fluide et mélangez-la au chocolat, retirez du feu et laissez refroidir un peu afin d'éviter que le chocolat ne tombe au fond des moules pendant la cuisson.

Beurrez 6 moules à mini cake en silicone.

Fouettez le sucre et le sucre vanillé avec les œufs entiers, ajoutez le yaourt, l'huile, puis la farine et la levure. Mélangez encore.

Mettez 3 cuil. à soupe de pâte au fond de chaque mini moule puis 2 cuil. à soupe de chocolat au centre, enfin, recouvrez avec 1 cuil. à soupe de pâte.

Mettez au four pour 40 minutes.

Mini cakes aux pralines roses

Préparation : 15 minutes • Cuisson : 35 minutes • Difficulté : ★ Budget : ★

Pour 6 personnes

- 3 œufs
- 70 g de sucre
- 2 sachets de sucre vanillé
- 150 g de farine
- ½ sachet de levure chimique
- 120 g de beurre demi-sel
- 150 g de pralines roses

Préchauffez le four à 180 °C (th. 6).

Dans un saladier, fouettez les œufs avec les sucres pour que le mélange blanchisse et devienne mousseux. Ajoutez la farine et la levure.

Faites fondre doucement le beurre et ajoutez-le à la préparation précédente avec les pralines roses concassées. Mélangez.

Versez la préparation dans de petits moules à cake individuels.

Enfournez pour 30 minutes. Laissez ensuite tiédir avant de déguster.

Mini cakes gourmets au caramel

Préparation : 20 minutes • Repos : 1 heure • Cuisson : 25 minutes • Difficulté : ★ Budget : ★

Pour 10 mini cakes

- **90 g de beurre mou**
- **1 sachet de sucre vanillé**
- **2 œufs**
- **150 g de farine**
- **2 cuil. à soupe de crème liquide entière**

Pour le glaçage

- **100 g de sucre**
- **35 g de beurre salé**
- **1 cuil. à soupe de mascarpone**

Préchauffez le four à 180 °C (th. 6).

Dans un saladier, fouettez le beurre avec le sucre vanillé. Ajoutez les œufs un à un. Versez progressivement la farine tamisée sans cesser de remuer. Terminez avec la crème liquide. Mélangez jusqu'à obtenir une pâte homogène.

Répartissez la préparation dans des moules à mini cakes en silicone rond. Enfournez pour 20 minutes.

Préparez le glaçage. Dans une casserole, faites fondre le sucre dans 2 cuil. à soupe d'eau, jusqu'à ce que le caramel brunisse. Hors du feu, ajoutez le beurre salé et le mascarpone. Mélangez.

Sortez les mini cakes, laissez-les refroidir un peu avant de démouler, puis trempez-les dans le glaçage.

Placez au réfrigérateur pendant 1 heure avant de servir.

Mini cheesecakes pralin

Préparation : 45 minutes • Repos : 1 heure • Difficulté : ★ Budget : ★

Pour 6 personnes

Pour la base
- **100 g de biscuits sablés**
- **75 g de beurre mou**
- **30 g de sucre roux**
- **15 g de cannelle en poudre**

Mini cheesecake pralin
- **1 œuf**
- **150 g de fromage frais**
- **200 g de faisselle**
- **1 citron jaune non traité**
- **25 g de pralin en poudre**
- **50 g de sucre**
- **100 g de lait concentré sucré**
- **15 cl de crème liquide entière**

Préparez la base. Dans un récipient, mixez les biscuits en chapelure, incorporez le beurre mou, le sucre roux et la cannelle en poudre. Mélangez jusqu'à obtenir une pâte homogène. Répartissez cette pâte dans les moules à tartelette recouverts de papier sulfurisé. Lissez et réservez au réfrigérateur.

Préparez le garnissage. Fouettez l'œuf, le fromage frais et la faisselle. Râpez le zeste du citron puis pressez-le. Ajoutez le pralin en poudre, le sucre, le lait concentré, le zeste et le jus du citron.

À part, montez la crème en chantilly et ajoutez-la au mélange précédent.

Fouettez de nouveau pour obtenir une texture légère.

Versez la préparation sur le fond des tartelettes. Décerclez les tartelettes et enlevez le papier sulfurisé. Laissez reposer 1 heure au réfrigérateur.

Servez bien frais.

Mini soufflés à la framboise

Préparation : 10 minutes • Cuisson : 15 minutes • Difficulté : ★ Budget : ★

Pour 4 verrines

- 6 blancs d'œufs
- 120 g de sucre
- Huile végétale
- 200 g de framboises
- Sel

Montez les blancs d'œufs en neige avec une pincée de sel. Incorporez 90 g de sucre.

Huilez les moules à soufflé au pinceau. Saupoudrez chacun avec un peu de sucre. Réservez quelques framboises et roulez le reste dans le sucre. Puis ajoutez-les aux blancs d'œufs.

Versez la préparation dans les moules sans les remplir complètement et enfournez à 180 °C (th. 6) pour 15 minutes. Dégustez chaud ou tiède.

Mini clafoutis aux nectarines jaunes

Préparation : 30 minutes • Cuisson : 50 minutes • Difficulté : ★ Budget : ★

Pour 6 personnes

- 1 pâte sablée
- Beurre
- 4 œufs
- 125 g de sucre
- 1 sachet de sucre vanillé
- 25 cl de lait
- 80 g de farine
- 3 nectarines
- Sel

Découpez 6 disques dans la pâte sablée de la taille des moules à tartelette. Étalez les disques de pâte dans les moules beurrés. Piquez-les avec une fourchette et enfournez-les à blanc à 180 °C (th. 6) pour 10 minutes. Dans un saladier, battez les œufs avec les sucres et une pincée de sel jusqu'à ce que le mélange blanchisse. Ajoutez le lait, puis la farine progressivement.

Pelez et ouvrez les nectarines en deux. Posez une moitié de fruit par tartelette et couvrez avec l'appareil.

Enfournez à 180 °C (th. 6) pour 40 minutes environ. Laissez refroidir avant de déguster.

Mini flans aux baies rouges

Préparation : 20 minutes • Cuisson : 20 minutes • Difficulté : ★ Budget : ★

Pour 6 mini flans

- 500 g de faisselle
- 1 citron jaune non traité
- 200 g de sucre
- 1 sachet de sucre vanillé
- 4 œufs
- 80 g de farine
- 20 cl de crème liquide
- 10 g de beurre
- 1 cuil. à soupe de baies roses
- Sucre glace
- Cacao en poudre

Égouttez la faisselle. Brossez le citron sous l'eau froide et râpez très finement le zeste. Fouettez la faisselle avec le sucre en poudre et le sucre vanillé jusqu'à l'obtention d'un mélange lisse. Ajoutez les œufs, la farine, la crème liquide et le zeste de citron sans cesser de fouetter. Préchauffez le four à 180 °C (th. 6). Beurrez légèrement 6 moules individuels et remplissez-les de la préparation. Placez-les dans un grand plat dans lequel vous verserez de l'eau chaude jusqu'à mi-hauteur des moules. Couvrez de papier aluminium et enfournez. Faites cuire pendant 20 minutes. Sortez les flans du four, retirez les moules du bain-marie et laissez refroidir avant de démouler les flans. Décorez de baies roses et de sucre glace, puis de cacao en poudre. Servez aussitôt.

Mini tartelettes aux fruits rouges

Préparation : 10 minutes • Repos : 1 heure • Cuisson : 22 minutes • Difficulté : ★ Budget : ★

Pour 4 personnes

- 50 g de fruits rouges surgelés
- 1 pâte brisée
- 1 feuille de gélatine
- 40 g de sucre

Trois heures avant de commencer à cuisiner, faites décongeler les fruits rouges et récupérez 20 cl de jus. Découpez des cercles dans la pâte brisée et remplissez les moules à tartelette. Recouvrez-les de papier d'aluminium et enfournez à 180 °C (th. 6) pour 20 minutes. Laissez refroidir. Préparez la gélatine. Faites fondre la feuille de gélatine dans le jus des fruits rouges récupéré lors de la décongélation, à feu moyen. Maintenez à ébullition 1 minute et retirez du feu. Ajoutez le sucre. Versez la gelée sur le fond des tartelettes et couvrez avec les fruits entiers. Placez les tartelettes pendant 1 heure au réfrigérateur.

Servez bien frais.

Mini tartelettes aux myrtilles

Préparation : 10 minutes • Cuisson : 20 minutes • Difficulté : ★ Budget : ★

Pour 6 personnes

- **1 pâte brisée**
- **100 g de myrtilles**

Pour la crème pâtissière
- **4 jaunes d'œufs**
- **200 g de sucre**
- **100 g de farine**
- **1 l de lait**
- **1 gousse de vanille**

Préparez la crème pâtissière. Mélangez les jaunes d'œufs avec le sucre jusqu'à ce qu'ils blanchissent. Ajoutez la farine et rallongez si nécessaire avec un peu de lait.

Mettez le lait avec la vanille à chauffer pendant 3 minutes à feu moyen. Lorsque le lait est tiède, ajoutez le mélange œufs/farine. Mélangez au fouet jusqu'à ébullition. Retirez du feu et laissez refroidir.

Étalez la pâte sur le plan de travail fariné. Découpez-y 20 petits disques à l'aide d'un emporte-pièce de 5 cm de diamètre. Garnissez-en 20 petits moules à tartelettes. Piquez les fonds avec une fourchette et enfournez à blanc pendant 10 minutes à 200 °C (th. 6-7). Laissez refroidir.

Démoulez les tartelettes et remplissez-les de crème pâtissière. Décorez avec les myrtilles.

Mettez au frais jusqu'au moment de déguster.

Mini triangles à la mousse au chocolat

Préparation : 15 minutes • Repos : 40 minutes • Cuisson : 4 minutes • Difficulté : ★ Budget : ★

Pour 6 personnes

Pour la mousse
- 250 g de chocolat noir
- 150 g de beurre
- 100 g de sucre glace
- 350 g de poudre d'amandes

Pour le glaçage
- 100 g de chocolat au lait aux noisettes
- 2 blancs d'œufs
- Le zeste de 1 citron non traité
- 200 g de sucre glace

Faites fondre le chocolat et le beurre 2 minutes au micro-ondes. Mélangez puis ajoutez le sucre glace et la poudre d'amandes. Laissez refroidir.

Préparez le glaçage au chocolat. Faites fondre le chocolat au lait 2 minutes au micro-ondes. Battez les blancs en neige avec le zeste de citron. Sans cesser de battre, ajoutez progressivement le sucre glace et le chocolat fondu. Réservez.

Une fois que la mousse au chocolat est suffisamment compacte, formez des boudins. Aplatissez les boudins sur une épaisseur de 3 cm environ. Découpez des triangles à l'aide d'un moule en pâtisserie.

Plongez les triangles dans le glaçage. Placez-les sur une plaque et laissez durcir pendant 40 minutes.

Mini tropéziennes

Préparation : 3 h 30 • Cuisson : 30 minutes • Difficulté : ★★ Budget : ★

Pour 50 tropéziennes

Pour la brioche

- 14,5 cl de lait
- 2 cuil. à soupe d'eau de fleur d'oranger
- 50 g de sucre
- 1 œuf
- 1 cuil. à café de sel
- 150 g de beurre
- 300 g de farine
- 1 cuil. à café de levure de boulanger déshydratée
- Sucre perlé
- 1 jaune d'œuf

Pour la crème

- 20 cl de lait
- 100 g de sucre
- 1 cuil. à soupe d'eau de fleur d'oranger
- 2 jaunes d'œufs
- 30 g de Maïzena®
- 100 g de beurre
- 1,5 cuil. à soupe de crème liquide entière

Pour la brioche : mettez tous les ingrédients dans une machine à pain dans l'ordre indiqué. Sélectionnez le programme « pâte » ou réalisez la pâte à la main : pour cela, formez un puits avec la farine, versez les ingrédients au centre et pétrissez jusqu'à ce que la pâte ne soit plus collante sans ajouter de farine et laissez-la reposer 1 heure, recouverte d'un torchon et à l'abri des courants d'air.

Pendant ce temps, préparez la crème pâtissière : faites chauffer le lait avec la moitié du sucre et l'eau de fleur d'oranger. Fouettez les jaunes d'œufs avec le reste de sucre, puis ajoutez la Maïzena. Versez le lait chaud sur les œufs puis remettez le tout à épaissir à feu doux. Ajoutez à la fin la moitié du beurre. Filmez au contact et laissez refroidir à température ambiante. Versez la pâte sur un plan de travail légèrement fariné, formez une boule et aplatissez-la. À l'aide d'un emporte-pièce de 4 cm de diamètre, découpez des petits disques de pâte que vous poserez sur une plaque de cuisson recouverte d'une feuille de papier sulfurisé. Laissez reposer 1 heure dans un endroit tempéré et à l'abri des courants d'air.

Dorez avec un jaune d'œuf dilué avec 2 cuil. à café de lait et saupoudrez de sucre en grains. Faites cuire 20 minutes à 180 °C (th. 6). Laissez refroidir sur une grille.

Fouettez le beurre tempéré restant et ajoutez petit à petit la crème pâtissière. Continuez à fouetter pour que la crème devienne mousseuse. Fouettez la crème liquide pour obtenir une chantilly bien ferme et incorporez-la à la crème pâtissière. Coupez les briochettes en deux et répartissez la crème à l'aide d'une poche à douille cannelée, fermez les brioches et réservez au frais.

Moelleux à la crème de marrons

Préparation : 15 minutes • Repos : 1 heure • Cuisson : 17 minutes • Difficulté : ★ Budget : ★★★

Pour 6 personnes

Pour le moelleux
- **150 g de beurre**
- **3 œufs**
- **300 g de crème de marrons**
- **2 sachets de sucre vanillé**
- **80 g de farine**

Pour le cœur
- **6 marrons glacés**

Faites fondre le beurre au micro-ondes.

Mélangez les œufs battus avec la crème de marrons, le sucre vanillé, ajoutez la farine puis le beurre fondu.

Versez la pâte dans les ramequins préalablement beurrés et farinés ou dans 6 empreintes à muffin en silicone. Placez 1 heure au frais.

Placez au centre de chaque moelleux un marron glacé puis mettez au four 16 minutes à 180 °C (th. 6).

À la sortie du four, attendez 10 minutes puis démoulez.

Moelleux au café

Préparation : 20 minutes • Cuisson : 20 minutes • Congélation : 2 heures • Difficulté : ★ Budget : ★

Pour 6 personnes

- **5 cl de crème liquide entière**
- **3 cuil. à soupe de café soluble**
- **100 g de chocolat blanc**
- **3 œufs**
- **75 g de cassonade**
- **150 g de farine**
- **½ cuil. à café de levure chimique**
- **90 g de beurre**

Portez à ébullition la crème liquide, ajoutez 1 cuil. à soupe de café soluble et versez le tout sur le chocolat en trois fois, en mélangeant bien à chaque fois, jusqu'à l'obtention d'une ganache homogène.

Remplissez 6 mini empreintes demi-sphères (ou un bac à glaçons) de ganache et placez-les 2 heures au congélateur.

Fouettez les œufs, la cassonade et 2 cuil. à soupe de café soluble, puis incorporez la farine préalablement mélangée à la levure. Faites fondre le beurre et ajoutez-le à la préparation.

Versez cette pâte dans 6 moules individuels beurrés ou en silicone et laissez reposer 1 heure au frais.

Placez au centre de chaque moelleux un cœur de ganache au café congelé, enfoncez-le légèrement puis mettez au four 20 minutes à 180 °C (th. 6).

À la sortie du four, attendez 5 minutes puis démoulez.

Moelleux au cœur de cerise

Préparation : 15 minutes • Repos : 2 heures • Cuisson : 10 minutes • Difficulté : ★ Budget : ★★

Pour 6 personnes

Pour le cœur

- 6 Mon Chéri®

Pour le moelleux

- 200 g de chocolat noir
- 150 g de beurre
- 150 g de sucre
- 4 œufs
- 75 g de farine

Placez les chocolats au congélateur pendant 2 heures.

Préchauffez le four à 180 °C (th. 6).

Faites fondre le chocolat noir au bain-marie ou au micro-ondes avec le beurre.

Ajoutez le sucre, les œufs battus en omelette et la farine.

Versez la pâte dans les ramequins préalablement beurrés et farinés ou dans 6 empreintes à muffin en silicone. Placez 1 chocolat au centre puis mettez au four pour 10 minutes à 210 °C (th. 7).

À la sortie du four, attendez 5 minutes et dégustez aussitôt.

Moelleux aux cacahuètes

Préparation : 30 minutes • Repos : 3 heures • Cuisson : 20 minutes • Difficulté : ★ Budget : ★★

Pour 6 personnes

Pour le cœur
- 6 cuil. à café de beurre de cacahuètes

Pour les moelleux
- 150 g de beurre
- 75 g de beurre de cacahuètes
- 120 g de sucre
- 3 œufs
- 3 cuil. à soupe de crème liquide
- 150 g de farine
- ½ sachet de levure chimique
- ¼ de cuil. à café de sel

Remplissez 6 empreintes mini bouchée ou un bac à glaçons de beurre de cacahuètes et placez-les au congélateur 2 heures minimum.

Mélangez le beurre mou, le beurre de cacahuètes et le sucre. Ajoutez les œufs un à un, la crème puis incorporez la farine, la levure et le sel.

Mettez dans 6 moules individuels beurrés ou en silicone, laissez reposer 1 heure au frais. Placez au centre de chaque moelleux un insert de beurre de cacahuètes surgelé sans trop enfoncer.

Mettez au four pour 20 minutes à 200 °C (th. 6-7).

À la sortie du four, attendez 5 minutes puis démoulez et laissez refroidir sur une grille.

Moelleux aux deux chocolats

Préparation : 20 minutes • Repos : 4 heures • Cuisson : 12 minutes • Difficulté : ★ Budget : ★

Pour 6 personnes

Pour le cœur
- **100 g de chocolat blanc**
- **4 cl de crème liquide**

Pour les moelleux
- **150 g de chocolat noir**
- **120 g de beurre**
- **110 g de sucre**
- **3 œufs**
- **60 g de farine**

Faites fondre le chocolat blanc avec la crème, remplissez 6 empreintes demi-sphères en silicone ou un bac à glaçons. Placez au congélateur 4 heures minimum.

Faites fondre le chocolat au bain-marie ou au micro-ondes avec le beurre.

Ajoutez le sucre, les œufs battus en omelette et la farine.

Versez la pâte dans 6 empreintes à muffin en silicone ou beurrées. Placez 1 heure au frais puis placez au centre un cœur de chocolat blanc surgelé.

Mettez au four pour 12 minutes à 210 °C (th. 7). À la sortie du four, attendez 10 minutes et démoulez. Dégustez aussitôt.

Moelleux aux myrtilles

Préparation : 20 minutes • Repos : 3 heures • Cuisson : 25 minutes • Difficulté : ★ Budget : ★★

Pour 6 personnes

Pour le cœur
- **6 cuil. à café de confiture de myrtilles**

Pour les moelleux
- **1 œuf**
- **80 g de sucre**
- **1 sachet de sucre vanillé**
- **100 g de farine**
- **1 cuil. à café de levure chimique**
- **5 cl de crème liquide**
- **50 g de beurre**
- **100 g de myrtilles**

Remplissez 6 mini empreintes demi-sphères ou un bac à glaçons de confiture de myrtilles et placez au congélateur pour 2 heures.

Fouettez l'œuf, le sucre et le sucre vanillé puis incorporez la farine mélangée à la levure. Ajoutez la crème et le beurre fondu. Mélangez bien puis incorporez délicatement les myrtilles.

Versez cette pâte dans 6 moules individuels beurrés ou en silicone, laissez reposer 1 heure au frais.

Placez au centre de chaque moelleux un cœur surgelé de confiture, enfoncez-le légèrement puis mettez au four pour 20 minutes à 180 °C (th. 6).

À la sortie du four, attendez 5 minutes puis démoulez.

Moelleux aux noix de pécan et au sirop d'érable

Préparation : 20 minutes • Cuisson : 25 minutes • Difficulté : ★ Budget : ★★

Pour 6 personnes

- **60 g de beurre**
- **2 œufs**
- **80 g de sucre**
- **1 sachet de sucre vanillé**
- **8 cl de crème liquide**
- **2 cuil. à soupe de sirop d'érable**
- **80 g de noix de pécan**
- **140 g de farine**
- **1 cuil. à café de levure chimique**
- **Sel**

Préchauffez le four à 180 °C (th. 6).

Mettez le beurre à fondre.

Fouettez les œufs, le sucre et le sucre vanillé.

Ajoutez la crème, le sirop d'érable, les noix de pécan grossièrement hachées, la farine mélangée à la levure ainsi qu'une pincée de sel. Versez le beurre fondu.

Répartissez la pâte dans 6 moules à muffin en silicone ou beurrés.

Mettez au four 25 minutes. À la sortie du four attendez 5 minutes puis démoulez.

Moelleux aux pommes et cœur de caramel

Préparation : 20 minutes • Repos : 2 heures • Cuisson : 40 minutes • Difficulté : ★★ Budget : ★

Pour 6 personnes

Pour le cœur
- 80 g de sucre
- 40 g de beurre salé
- 7 cl de crème liquide

Pour les moelleux
- 40 g de beurre
- 1 œuf
- 50 g de sucre
- 1 sachet de sucre vanillé
- 80 g de farine
- 1 cuil. à café de levure chimique
- 1 pomme
- Sel

Faites fondre à sec une petite quantité de sucre dans une casserole. Quand il commence à suer puis à colorer, ajoutez le restant de sucre petit à petit en mélangeant doucement et en évitant les bords de la casserole.

Quand le caramel est doré, retirez-le du feu et ajoutez le beurre coupé en morceaux. Faites chauffer la crème, ajoutez-la doucement au caramel en mélangeant constamment et faites mijoter 5 minutes sur feu doux pour faire dissoudre d'éventuels amas de caramel jusqu'à ce que la crème de caramel devienne homogène et onctueuse.

Laissez refroidir puis remplissez 6 empreintes demi-sphères en silicone ou un bac à glaçons. Placez-les au congélateur 2 heures. Le restant de caramel peut être conservé au frais dans un bocal.

Mettez le beurre à fondre. Fouettez l'œuf, le sucre et le sucre vanillé. Ajoutez la farine mélangée à la levure ainsi qu'une pincée de sel. Versez le beurre fondu.

Épluchez et coupez la pomme en petits dés puis ajoutez-les à la pâte.

Répartissez la pâte dans 6 moules à muffin en silicone ou beurrés. Enfoncez légèrement au centre le caramel surgelé et mettez au four pour 25 minutes à 180 °C (th. 6).

À la sortie du four, attendez 5 minutes puis démoulez en faisant attention à ne pas vous brûler si le caramel s'échappe un peu. Laissez tiédir et dégustez.

Conseil : vous pouvez accompagner ce moelleux de glace à la vanille ou de crème anglaise.

Moelleux banane-chocolat

Préparation : 20 minutes • Cuisson : 25 minutes • Difficulté : ★ Budget : ★

Pour 6 personnes

Pour le moelleux
- **50 g de beurre**
- **1 œuf**
- **50 g de sucre**
- **1 sachet de sucre vanillé**
- **90 g de farine**
- **1 cuil. à café de levure chimique**
- **1 banane bien mûre**
- **Sel**

Pour le cœur
- **6 cuil. à café de pâte à tartiner aux noisettes**

Mettez le beurre à fondre. Fouettez l'œuf, le sucre et le sucre vanillé. Ajoutez la farine mélangée à la levure ainsi qu'une pincée de sel. Versez le beurre fondu.

Épluchez et écrasez la banane, ajoutez-la à la pâte.

Répartissez la pâte dans 6 moules à savarin en silicone ou beurrés. Mettez au four pour 25 minutes à 180 °C (th. 6).

À la sortie du four attendez 5 minutes puis démoulez.

Faites fondre la pâte à tartiner au micro-ondes et versez-la dans le creux des moelleux.

Moelleux breton

Préparation : 20 minutes • Repos : 4 heures • Cuisson : 20 minutes • Difficulté : ★ Budget : ★

Pour 6 personnes

- 10 pruneaux (dénoyautés)
- 100 g de beurre demi-sel
- 2 œufs
- 2 jaunes d'œufs
- 100 g de sucre
- 5 cl de crème liquide
- 160 g de farine

Faites macérer les pruneaux 4 heures dans un bol d'eau. Égouttez-les puis mixez-les.

Faites fondre le beurre au micro-ondes puis réservez.

Fouettez les œufs et les jaunes d'œufs avec le sucre. Ajoutez la crème, la farine puis le beurre fondu. Remplissez 6 moules à muffin en silicone ou beurrés, aux deux tiers. Déposez au milieu 1 cuil. à café de purée de pruneaux, couvrez de pâte puis placez au four pour 20 minutes.

À la sortie du four, attendez 5 minutes puis démoulez. Préchauffez le four à 200 °C (th. 6-7).

Moelleux clémentine et Grand Marnier

Préparation : 20 minutes • Cuisson : 23 minutes • Difficulté : ★ Budget : ★★

Pour 6 personnes

- 3 clémentines
- 100 g de beurre
- 2 œufs
- 100 g de sucre
- 200 g de farine
- 1 cuil. à café de levure chimique
- 14 cl de lait
- 3 cuil. à soupe de Grand Marnier®
- Sel

Épluchez les clémentines.

Mettez le beurre à fondre.

Fouettez les œufs et le sucre, ajoutez la farine mélangée à la levure et une pincée de sel, en alternant avec le lait. Ajoutez le beurre fondu et le Grand Marnier.

Versez la pâte dans 6 moules à muffin en silicone ou beurrés. Déposez des quartiers de clémentine sur la pâte et mettez au four pour 20 minutes à 180 °C (th. 6).

À la sortie du four, attendez 10 minutes puis démoulez.

Moelleux marron et chocolat

Préparation : 15 minutes • Repos : 1 heure • Cuisson : 16 minutes • Difficulté : ★ Budget : ★★

Pour 6 personnes

- 130 g de beurre
- 70 g de chocolat noir
- 300 g de crème de marrons
- 3 œufs
- 90 g de farine

Faites fondre le beurre au micro-ondes avec le chocolat.

Ajoutez la crème de marrons puis les œufs battus un à un. Incorporez la farine puis versez la pâte dans les ramequins préalablement beurrés et farinés ou dans 6 empreintes à muffin en silicone. Placez 1 heure au frais.

Mettez au four pour 15 minutes à 180 °C (th. 6). À la sortie du four, attendez 10 minutes puis démoulez.

Moelleux noisettes et flocons d'avoine

Préparation : 20 minutes • Cuisson : 20 minutes • Difficulté : ★ Budget : ★★

Pour 6 personnes

- 150 g de beurre tempéré
- 120 g de sucre
- 3 œufs
- 100 g de farine
- 50 g de flocons d'avoine
- 40 g de poudre de noisettes
- ½ sachet de levure chimique
- ¼ de cuil. à café de sel

Mélangez le beurre tempéré et le sucre jusqu'à l'obtention d'une crème mousseuse puis ajoutez les œufs un à un.

Mélangez la farine, les flocons d'avoine, la poudre de noisettes, la levure et le sel. Incorporez les poudres au premier mélange. Remplissez 6 caissettes en papier ou 6 moules individuels beurrés ou en silicone.

Mettez au four pour 20 minutes à 200 °C (th. 6-7).

À la sortie du four, attendez 5 minutes puis démoulez et laissez refroidir sur une grille.

Moelleux aux spéculoos

Préparation : 40 minutes • Repos : 3 heures • Cuisson : 20 minutes • Difficulté : ★★ Budget : ★

Pour 6 personnes

Pour la pâte de spéculoos

- **200 g de spéculoos**
- **50 g de beurre mou**
- **9 cl de lait**
- **60 g de sirop de glucose**
- **100 g de chocolat blanc**

Pour les moelleux

- **50 g de beurre tempéré**
- **60 g de sucre**
- **3 œufs**
- **3 cuil. à soupe de crème liquide**
- **150 g de farine**
- **½ sachet de levure chimique**
- **¾ de cuil. à café de sel**

Préparez la pâte de spéculoos. Réduisez les biscuits en poudre à l'aide d'un mixeur puis ajoutez le beurre en pommade.

Dans une casserole, faites chauffer le lait et le sirop de glucose puis versez le lait bouillant sur le chocolat blanc. Remuez jusqu'à l'obtention d'un mélange homogène.

Incorporez ce dernier aux spéculoos. Remplissez 6 empreintes à mini bouchée ou un bac à glaçons que vous placerez au congélateur 2 heures minimum. Réservez le reste dans un bocal en verre.

Préparez les moelleux. Mélangez 180 g de la pâte de spéculoos, le beurre tempéré et le sucre. Ajoutez les œufs un à un, la crème puis incorporez la farine, la levure et le sel.

Mettez la préparation dans 6 moules individuels beurrés ou en silicone, laissez reposer 1 heure au frais. Placez au centre de chaque moelleux un glaçon de pâte de spéculoos sans trop enfoncer. Mettez au four préchauffé à 200 °C (th. 6-7) pour 20 minutes.

À la sortie du four, attendez 5 minutes puis démoulez et laissez refroidir sur une grille. Servez de préférence tiède.

Moelleux choco-caramel

Préparation : 1 h 30 • Cuisson : 35 minutes • Difficulté : ★★ Budget : ★

Pour 20 moelleux

Pour le biscuit
- 2 œufs
- 120 g de sucre
- 120 g de chocolat noir
- 120 g de beurre
- 40 g de farine

Pour la crème
- 3 cl de crème liquide
- 100 g de chocolat
- 20 g de nappage caramel au lait
- 20 g de beurre

Pour le décor
- 2 cuil. à soupe de cacahuètes concassées grillées
- 20 disques de chocolat

Séparez les blancs des jaunes d'œufs. Mélangez les jaunes d'œufs et le sucre jusqu'à ce que le mélange blanchisse.

Faites fondre le chocolat avec le beurre et ajoutez-le au mélange précédent, puis incorporez la farine.

Montez les blancs d'œufs en neige ferme avec une pincée de sucre et ajoutez-les au mélange de chocolat. Versez cette pâte sur une plaque de cuisson recouverte d'une feuille de papier sulfurisé.

Mettez au four 30 minutes à 150 °C (th. 5). À la sortie du four, attendez 10 minutes avant de démouler et laissez refroidir sur une grille.

À l'aide d'un emporte-pièce de 3 cm de diamètre, découpez 20 disques. Réservez.

Faites bouillir la crème, versez-la sur le chocolat râpé et mélangez jusqu'à obtention d'une consistance homogène. Ajoutez le caramel au lait et le beurre. Laissez refroidir et fouettez pour obtenir une belle mousse. Remplissez une poche munie d'une douille cannelée. Si la mousse est trop molle, mettez-la 15 minutes au réfrigérateur.

À l'aide d'un pinceau, étalez un peu de caramel sur les disques de génoise au chocolat et saupoudrez de cacahuètes concassées. À l'aide d'une poche à douille disposez une noix de la crème au chocolat. Il ne vous reste plus qu'à décorer avec les disques de chocolat. Placez au frais en attendant la dégustation.

Conseil : vous trouverez du caramel au lait liquide en grandes surfaces. Vous pouvez préparer le biscuit à l'avance. Pour le décor, il est possible de placer une noisette entière caramélisée sur le dessus ou saupoudrer de cacao.

Moelleux orange et pistache

Préparation : 15 minutes • Cuisson : 25 minutes • Difficulté : ★ Budget : ★

Pour 6 moelleux

- 80 g de beurre
- 2 œufs
- 80 g de sucre
- 1 orange (non traitée)
- 120 g de farine
- ½ cuil. à café de levure chimique

Pour le glaçage

- 40 g de sucre glace
- 2 oranges
- 60 g de pistaches fraîches

Faites fondre le beurre au micro-ondes, réservez.

Fouettez les œufs avec le sucre, ajoutez le jus de ½ orange et le zeste. Mélangez la farine et la levure puis incorporez au mélange auquel vous ajouterez ensuite le beurre fondu.

Remplissez 6 moules à muffin beurrés ou en silicone.

Mettez au four pour 25 minutes à 160 °C (th. 5-6).

À la sortie du four, attendez 5 minutes puis démoulez les moelleux. Piquez-les par le dessous à l'aide d'une pique à brochette et placez-les dans un plat.

Mélangez le sucre glace et le jus des 2 oranges, imbibez les moelleux en les plongeant dans ce sirop pendant qu'ils sont encore chauds puis laissez-les refroidir. Arrosez-les de jus jusqu'à ce qu'ils aient tout absorbé.

Décorez-les de pistaches hachées.

Moelleux passion

Préparation : 20 minutes • Cuisson : 12 minutes • Difficulté : ★ Budget : ★★

Pour 6 personnes

- **100 g de chocolat blanc**
- **90 g de beurre**
- **80 g de sucre**
- **3 œufs**
- **80 g de farine**
- **4 fruits de la passion**

Faites fondre le chocolat au bain-marie ou au micro-ondes avec le beurre.

Ajoutez le sucre, les œufs battus en omelette puis la farine et la pulpe des fruits de la passion.

Versez la pâte dans les moules préalablement beurrés et farinés ou dans 6 empreintes à muffin en silicone. Laissez reposer 1 heure au frais.

Mettez au four pour 12 minutes à 210 °C (th. 7). À la sortie du four, attendez 10 minutes pour démouler et dégustez aussitôt.

Moelleux pistache et framboise

Préparation : 20 minutes • Cuisson : 30 minutes • Difficulté : ★ Budget : ★★

Pour 6 personnes

- **150 g de beurre**
- **3 œufs**
- **130 g de sucre**
- **10 cl de crème liquide**
- **80 g de farine**
- **1 cuil. à café de levure chimique**
- **50 g de pistaches**
- **1 cuil. à soupe de pâte de pistaches**
- **150 g de framboises surgelées**
- **Sel**

Préchauffez le four à 180 °C (th. 6).

Mettez le beurre à fondre au micro-ondes puis réservez-le. Fouettez les œufs et le sucre, ajoutez la crème puis incorporez la farine, la levure, les pistaches hachées et une pincée de sel. Versez le beurre fondu et la pâte de pistaches, mélangez bien.

Versez la pâte dans 6 moules individuels beurrés ou en silicone, puis enfoncez les framboises encore surgelées dans la pâte.

Mettez au four et laissez cuire 30 minutes. À la sortie du four, attendez 5 minutes puis démoulez et laissez refroidir sur une grille.

Mokas chocolatés

Préparation : 3 heures • Repos : 4 heures • Cuisson : 20 minutes • Difficulté : ★★ Budget : ★

Pour 20 pièces

Pour le biscuit
- 1 œuf
- 30 g de sucre
- 25 g de farine

Pour le biscuit chocolaté
- 20 g de beurre
- 110 g de sucre glace
- 110 g de poudre d'amandes
- 15 g de farine
- 1 cuil. à soupe de cacao en poudre
- 10 g de sucre
- 2 œufs
- 1 blanc d'œuf

Pour la mousse
- 150 g de chocolat noir
- 50 g de beurre
- 25 cl de crème liquide entière

Pour le sirop
- 180 g de sucre
- 2 cuil. à café de café soluble

Pour la ganache
- 60 g de crème liquide
- 100 g de chocolat noir
- 25 g de beurre
- Cacao en poudre

Le biscuit : séparez le blanc du jaune d'œuf. Fouettez le jaune avec la moitié du sucre et un peu d'eau chaude jusqu'à ce que le mélange blanchisse. Ajoutez la farine. Battez le blanc en neige bien ferme avec le reste du sucre et incorporez-le délicatement au jaune. Versez la pâte dans un moule carré (qui servira pour le montage) de 18-20 cm de côté, de préférence souple, sinon recouvert de papier de cuisson. Enfournez pour 10 minutes à 180 °C (th. 6). Démoulez après refroidissement et réservez.

Le biscuit chocolaté : faites fondre le beurre et laissez refroidir. Mélangez le sucre glace, la poudre d'amandes, la farine, le cacao, ajoutez les œufs et mélangez bien. Montez le blanc d'œuf en neige avec le sucre et incorporez-le au mélange. Ajoutez le beurre fondu. Versez cette pâte dans le même moule que le premier biscuit. Mettez au four pour 8 minutes à 210 °C (th. 7). Démoulez après refroidissement sur du papier sulfurisé. La mousse : faites fondre le chocolat avec le beurre au four à micro-ondes ou au bain-marie. Montez la crème en chantilly et incorporez-la au chocolat.

Versez cette mousse dans un moule de préférence carré et égalisez la surface. Le sirop : portez le sucre et 15 cl d'eau à ébullition. Hors du feu, ajoutez le café soluble. Imbibez avec une partie du sirop le biscuit et déposez-le sur la mousse. Pressez légèrement. La ganache : chauffez la crème et versez-la sur le chocolat. Mélangez jusqu'à obtention d'une ganache onctueuse puis ajoutez le beurre, mélangez à nouveau. Versez cette ganache sur le biscuit et, pour finir, couvrez avec le biscuit chocolaté imbibé de sirop. Appliquez une légère pression et placez au congélateur pour 4 heures. Démoulez et coupez des parts à l'aide d'un grand couteau. Laissez décongeler au réfrigérateur. Saupoudrez de cacao avant de servir.

Muffins très chocolat

Préparation : 1 heure • Cuisson : 30 minutes • Difficulté : ★ Budget : ★

Pour 12 muffins

Pour les muffins
- 120 g de beurre
- 130 g de sucre
- 2 œufs
- 200 g de farine
- 100 g de poudre d'amandes
- 2 cuil. à soupe de cacao en poudre
- ½ sachet de levure chimique
- 12,5 cl de lait
- Sel

Pour la crème
- 200 g de chocolat noir
- 150 g de beurre mou
- 100 g de sucre glace

Pour le décor
- 80 g de chocolat noir

Préparez les muffins. Fouettez le beurre et le sucre, puis ajoutez les œufs. Mélangez la farine, la poudre d'amandes, le cacao, la levure, une pincée de sel et incorporez le tout en petite quantité en alternance avec le lait.

Remplissez aux deux tiers douze caissettes à muffins. Si vous utilisez des caissettes en papier, placez-les dans des empreintes à muffins rigides, sinon la caissette s'ouvrira.

Mettez au four pour 20 minutes à 180 °C (th. 6). Laissez refroidir sur une grille.

Préparez la crème. Faites fondre le chocolat au bain-marie et laissez-le tiédir. Pendant ce temps, battez le beurre pommade au fouet électrique avec le sucre glace. Lorsque le chocolat est tiède, versez-le petit à petit sur le beurre sans cesser de battre jusqu'à l'obtention d'une crème onctueuse. Remplissez une poche à douille cannelée et déposez la crème sur les muffins.

Préparez le décor. Faites fondre le chocolat au bain-marie. Confectionnez une sorte de petit entonnoir en papier sulfurisé, remplissez-le de chocolat, fermez-le bien et coupez la pointe. Dessinez des cœurs en chocolat sur une feuille de rhodoïd ou du papier sulfurisé et passez d'un bord à l'autre. Laissez durcir puis décollez délicatement et déposez les décors sur les muffins.

Conseil : sortez les muffins du réfrigérateur 30 minutes avant de les déguster.

Panna cotta au chocolat

Préparation : 15 minutes • Repos : 4 heures • Cuisson : 5 minutes • Difficulté : ★ Budget : ★

Pour 6 personnes

- **3 feuilles de gélatine**
- **30 cl de crème liquide**
- **20 cl de lait**
- **80 g de sucre**
- **100 g de chocolat noir**

Faites ramollir la gélatine dans l'eau froide.

Mettez la crème, le lait et le sucre dans une casserole et portez à ébullition. Ajoutez le chocolat râpé et mélangez jusqu'à ce qu'il soit totalement fondu, puis ajoutez la gélatine ramollie et essorée.

Versez la préparation dans des verrines, laissez refroidir, puis placez au frais 4 heures au minimum.

Panna cotta et coulis de fruits rouges

Préparation : 30 minutes • Repos : 3 heures • Cuisson : 10 minutes • Congélation : 12 heures
Difficulté : ★ Budget : ★★

Pour 12 cuillères

- 1 feuille de gélatine
- 8 cl de crème liquide entière
- 4 cl de lait
- 1 sachet de sucre vanillé
- 5 cl de coulis de fruits rouges
- Groseilles

Faites ramollir la gélatine dans de l'eau froide.

Mettez la crème, le lait et le sucre dans une casserole, et portez le tout à ébullition.

Essorez la gélatine et ajoutez-la au mélange crème et lait. Mélangez bien.

À l'aide d'une petite louche, remplissez 12 petites empreintes, de préférence en silicone ou des bacs à glaçons. Laissez prendre au réfrigérateur 3 heures puis placez le tout au congélateur 12 heures.

Le lendemain, démoulez les panna cotta. Pour les moules souples, pas de souci, pour les bacs à glaçons, retournez-les sur un plat et tapez doucement sur le plat de travail avec l'ensemble.

Disposez-les dans les cuillères, laissez décongeler au réfrigérateur. Versez le coulis de fruits rouges en évitant la panna cotta. Déposez une petite grappe de groseilles au-dessus.

Conseil : vous pouvez parfumer votre panna cotta à votre guise en remplaçant le sucre par du sirop pour boisson.

Perles de rosée

Préparation : 15 minutes • Cuisson : 30 minutes • Difficulté : ★ Budget : ★★

Pour 12 cuillères

- **25 cl de lait**
- **1 cuil. à soupe d'essence de rose**
- **15 g de perles du Japon**
- **1 cuil. à soupe de sucre**
- **Colorant alimentaire rouge**
- **250 g de litchis**

Faites bouillir le lait et l'eau de rose. Ajoutez les perles, le sucre et 2 ou 3 gouttes de colorant rouge.

Laissez cuire à feu doux pendant 30 minutes. Laissez refroidir puis remplissez aux deux tiers des cuillères assez creuses.

Égouttez les litchis et déposez-en un au milieu des perles. Placez au frais jusqu'au moment de servir.

Petits choux

Préparation : 1 h 30 • Repos : 1 heure • Cuisson : 30 minutes • Difficulté : ★★ Budget : ★

Pour 40 pièces

Pour les choux

- 12,5 cl de lait
- 80 g de beurre
- 150 g de farine
- ½ cuil. à café de levure chimique
- 4 œufs
- Sel

Pour la crème

- 50 cl de lait
- 1 gousse de vanille
- 5 jaunes d'œufs
- 100 g de sucre
- 30 g de Maïzena®
- 60 g de beurre
- 40 g de chocolat

Pour le glaçage

- 150 g de chocolat noir
- 70 g de crème liquide
- 150 g de chocolat blanc

Faites bouillir le lait et 12,5 cl d'eau avec le beurre coupé en dés et une 0,5 cuil. à café de sel. Quand le beurre a totalement fondu, ajoutez en une seule fois la farine et la levure hors du feu. Mélangez bien, remettez sur feu doux et mélangez pendant 1 minute pour sécher la pâte. Versez la pâte dans le bol du robot et ajoutez les œufs un à un en mélangeant bien à chaque fois. Remplissez une poche à douille lisse et faites de petits tas de 3,5 cm de diamètre sur une plaque de cuisson recouverte d'une feuille de papier sulfurisé. Rabattez les petites pointes de pâte avec le dos d'une cuillère.

Mettez au four pendant 30 minutes à 210 °C (th. 7) sans ouvrir le four pendant les 20 premières minutes.

Pour les crèmes, portez à ébullition le lait avec la gousse de vanille coupée en deux. Dans un saladier, fouettez les jaunes d'œufs et le sucre jusqu'à ce que le mélange blanchisse et ajoutez la Maïzena. Versez un peu de lait bouillant sur les jaunes après avoir retiré la gousse de vanille et gratté les graines. Remettez le tout dans la casserole et laissez cuire 2 minutes environ, jusqu'à épaississement. Hors du feu, ajoutez le beurre.

Divisez la crème en deux et ajoutez dans l'une le chocolat noir. Mélangez bien pour faire fondre le chocolat puis filmez et laissez refroidir.

Garnissez les choux à l'aide d'une poche à douille en les perforant dessous à l'aide d'un couteau.

Faites fondre le chocolat noir avec la crème, trempez la moitié des choux et laissez le chocolat durcir. Faites fondre le chocolat blanc au bain-marie et trempez un à un, l'autre moitié des choux.

Pretzels au sucre et à la cannelle

Préparation : 15 minutes • Repos : 10 minutes • Cuisson : 25 minutes • Difficulté : ★ Budget : ★

Pour 6 pretzels

- **7 cl de lait (+ un peu pour la dorure)**
- **1 cuil. à soupe d'huile d'olive**
- **320 g de farine blanche**
- **1 cuil. à café de levure de boulanger déshydratée**
- **1 jaune d'œuf**
- **40 g de beurre**
- **30 g de sucre cristal**
- **15 g de cannelle en poudre**
- **Sel**

Mettez 14 cl d'eau et 1 cuil. à café de sel avec tous les ingrédients dans la cuve de la machine à pain selon l'ordre indiqué sauf le jaune d'œuf, le beurre, le sucre et la cannelle.

Sélectionnez le programme « Pâte ».

À la fin du programme, versez la pâte sur un plan de travail fariné. Travaillez-la 5 minutes et divisez-la en 6 parts. Façonnez chaque morceau en un long boudin de 40 cm environ. Pour donner leur forme aux pretzels, torsadez entre elles les deux extrémités de chaque boudin et repassez celles-ci sur la grosse boucle. Déposez-les sur une plaque de cuisson légèrement farinée ou recouverte de papier de cuisson. Laissez-les reposer 10 minutes.

Portez à ébullition une grande casserole d'eau salée. Plongez-y les pretzels les uns après les autres. Lorsqu'ils remontent à la surface, sortez-les de l'eau et replacez-les sur la plaque de cuisson.

Préchauffez le four à 200 °C (th. 6-7). Avant d'enfourner les pretzels, badigeonnez-les du jaune d'œuf dilué avec 1 cuil. à soupe de lait. Mettez au four 25 minutes.

À la sortie du four, badigeonnez-les de beurre préalablement fondu et recouvrez du sucre mélangé à la cannelle. Laissez-les refroidir sur une grille.

Rocher coco et cœur de NUTELLA®

Préparation : 20 minutes • Cuisson : 20 minutes • Difficulté : ★ Budget : ★

Pour 10 rochers

- **1 pot de NUTELLA®**
- **2 blancs d'œufs**
- **100 g de sucre**
- **120 g de noix de coco râpée**

Placez le NUTELLA® au frais.

Mélangez les blancs d'œufs avec le sucre et la noix de coco.

Formez 10 petites boules de NUTELLA® de la taille d'une grosse noisette. Formez 10 boules de pâte de noix de coco en vous humidifiant les mains, creusez-les et placez au centre une noisette de NUTELLA®. Assurez-vous qu'on ne voit pas du tout de NUTELLA® dépasser et déposez les rochers sur une plaque recouverte de papier de cuisson.

Mettez au four 20 minutes à 160 °C (th. 5-6), ils doivent commencer à dorer puis laissez-les refroidir sur une grille.

Sablés à la vanille

Préparation : 1 heure • Repos : 30 minutes • Cuisson : 12 minutes • Difficulté : ★ Budget : ★

Pour 40 sablés

- **250 g de farine**
- **50 g de Maïzena®**
- **100 g de sucre**
- **2 sachets de sucre vanillé**
- **135 g de beurre tempéré**
- **4 jaunes d'œufs**

Mélangez la farine, la Maïzena, le sucre et le sucre vanillé. Faites un puits et placez au centre le beurre coupé en dés.

Travaillez la pâte entre les mains jusqu'à l'obtention d'un gros sablé. Ajoutez 3 jaunes d'œufs et pétrissez jusqu'à ce que la pâte forme une boule. Laissez-la reposer 30 minutes au frais.

Préchauffez le four à 160 °C (th. 5-6).

Abaissez la pâte sur 0,5 cm d'épaisseur et découpez les sablés à l'aide de petits emporte-pièces. Placez-les sur une plaque recouverte d'une feuille de cuisson.

Diluez le dernier jaune d'œuf avec 2 cuil. à café d'eau et badigeonnez les sablés.

Faites-les cuire au four pendant 12 minutes. Les biscuits doivent à peine dorer. Laissez refroidir sur la plaque.

Conseil : si vous préparez plusieurs plaques de sablés en même temps, placez-les au frais avant la cuisson.

Tartelettes cassis violette

Préparation : 2 heures • Repos : 12 heures + 2 heures • Cuisson : 25 minutes •
Difficulté : ★★ Budget : ★★

Pour 20 pièces

Pour la ganache

- 12 cl de crème liquide entière
- 80 g de chocolat blanc
- Colorant alimentaire rouge
- Colorant alimentaire bleu
- Arôme violette

Pour la garniture

- 40 g de chocolat blanc
- 150 g de cassis
- 30 g de sucre
- 1 feuille de gélatine
- Fleur de violette cristallisée
- Billes de sucre à la violette
- 300 g de pâte sablée

La veille, préparez la ganache à la violette : portez à ébullition la crème liquide, versez-la sur le chocolat blanc en trois fois en mélangeant bien. Ajoutez les colorants pour obtenir une jolie couleur mauve et l'arôme. Mélangez bien et placez au frais une nuit.

Étalez la pâte sablée. Coupez 20 disques de pâte et façonnez 20 mini tartelettes. Si la pâte se réchauffe trop et devient collante, replacez-la 15 minutes au frais. Piquez le fond des tartelettes, appliquez un carré de papier sulfurisé et remplissez de légumes secs. Replacez le tout au frais 1 heure puis mettez à cuire 15 minutes à 180 °C (th. 6), retirez le papier et les légumes secs puis replacez dans le four 5 minutes. À la sortie du four, laissez refroidir sur une grille.

Lorsque les fonds de tartes ont refroidi, vous pouvez éliminer les irrégularités des bords en vous servant d'une petite passette comme râpe.

Préparez la garniture : faites fondre le chocolat blanc au micro-ondes 3 fois 30 secondes et appliquez-le au pinceau à l'intérieur des tartelettes, cela évite que la pâte ne se ramollisse avec le coulis de fruit.

Passez le cassis au tamis. Versez la pulpe dans une petite casserole, ajoutez le sucre, portez à ébullition, laissez compoter 15 minutes à feu doux puis ajoutez la gélatine préalablement ramollie dans l'eau froide. Versez le gélifié de cassis dans les tartelettes et laissez figer au frais pendant 1 heure.

Fouettez la ganache jusqu'à ce qu'elle devienne mousseuse comme une chantilly puis placez-la sur les tartelettes à l'aide d'une poche à douille cannelée. Décorez de fleurs de violette cristallisées ou de billes de sucre de violette.

Tartelettes de Phil

Préparation : 1 h 30 • Repos : 35 minutes • Cuisson : 25 minutes • Difficulté : ★★ Budget : ★

Pour 6 personnes

- **1 pâte sablée**
- **12 framboises**
- **Crème mousseline**

Pour la crème d'amandes

- **60 g de beurre**
- **40 g de sucre**
- **1 œuf**
- **80 g de poudre d'amandes**

Pour le décor

- **150 g de pâte d'amandes blanche**
- **150 g de pâte d'amandes rose**

Découpez 12 disques de pâte à l'aide d'un emporte-pièce et garnissez les empreintes de 5 cm de diamètre. Piquez le fond avec une fourchette et placez au frais 30 minutes.

Préparez la crème d'amandes. Battez le beurre pommade avec le sucre, puis ajoutez l'œuf. Lorsque le mélange est homogène, ajoutez la poudre d'amandes. Remplissez aux deux tiers les fonds de tarte de crème puis placez une framboise.

Mettez au four 20 à 25 minutes à 180 °C (th. 6). Les tartelettes doivent être bien dorées. Attendez 5 minutes puis démoulez-les et laissez-les refroidir sur une grille.

Déposez de la crème mousseline à l'aide d'une poche à douille lisse pour former un dôme. Placez au frais.

Préparez le décor. Étalez les 2 pâtes d'amandes en 2 bandes de 15 x 6 cm. Superposez-les et roulez-les sur elles-mêmes afin de former un rouleau. Aplatissez les extrémités.

Coupez la pâte en tranches de 0,5 cm d'épaisseur, étalez-les au rouleau et coupez des disques de pâte avec un emporte-pièce d'un diamètre légèrement supérieur à la tartelette. Placez la pâte d'amandes sur la tartelette de manière à ce qu'elle recouvre la crème. Réservez au frais.

Conseil : sortez les tartelettes du réfrigérateur 20 minutes avant de les servir.

Tartelettes amandine à la cerise

Préparation : 30 minutes • Cuisson : 20 minutes • Difficulté : ★ Budget : ★★

Pour 20 pièces

- **160 g de poudre d'amandes**
- **60 g de sucre**
- **1 œuf**
- **2 cuil. à soupe de kirsch**
- **20 cl de crème fraîche épaisse**
- **1 rouleau de pâte sablée**
- **20 cerises**

Préchauffez le four à 180° (th. 6).

Mélangez la poudre d'amandes et le sucre. Ajoutez l'œuf, le kirsch puis la crème.

Découpez 20 disques de pâte à l'aide d'un emporte-pièce et placez-les dans des moules à mini tartelette beurrés ou en silicone.

Versez la crème d'amandes dans le fond des tartes et placez au centre une cerise.

Mettez au four pour 20 minutes.

Conseil : pour que la cerise reste bien droite au centre, coupez légèrement sa base.

Tartelettes au citron meringuées

Préparation : 1 h 30 • Repos : 30 minutes • Cuisson : 15 minutes • Difficulté : ★★ Budget : ★★

Pour 20 pièces

Pour la pâte
- 160 g de farine
- 40 g de sucre glace
- 20 g de sucre
- 20 g de poudre d'amandes
- 100 g de beurre tempéré
- 1 jaune d'œuf
- Sel

Pour la crème citronnée
- 2 œufs
- 50 g de sucre
- Le zeste de 1 citron non traité
- 40 g de beurre mou
- 3,5 cl de jus de citron

Pour la meringue
- 50 g de sucre
- 1 blanc d'œuf

Mélangez la farine, les sucres, la poudre d'amandes et une pincée de sel. Formez un puits et placez au centre le beurre tempéré coupé en dés et le jaune d'œuf. Pétrissez jusqu'à ce que la pâte forme une boule homogène. Laissez reposer la pâte 30 minutes au minimum au frais.

Pour la crème, battez les œufs avec le sucre puis ajoutez le zeste de citron et le beurre pommade, puis le jus progressivement.

Faites épaissir sur feu doux et laissez tiédir.

Étalez la pâte, découpez à l'emporte-pièce 20 disques et placez-les dans les empreintes de mini tartelette. Remplissez-les de pois cassés (ou haricots secs, lentilles, etc.) et passez au four 15 minutes à 180 °C (th. 6). À la sortie du four, retirez les pois cassés puis démoulez délicatement les fonds de tartelettes.

Versez la crème citronnée dans les empreintes et laissez refroidir.

Préparez la meringue : chauffez le sucre et 2 cl d'eau à 120 °C. Montez le blanc d'œuf en neige, versez le sirop bouillant en filet sans arrêter de fouetter et jusqu'à total refroidissement. Décorez les tartelettes de meringue à l'aide d'une poche à douille et dorez au chalumeau.

Réservez au frais.

Tartelettes aux fraises de Plougastel

Préparation : 30 minutes • Repos : 2 heures • Cuisson : 30 minutes • Difficulté : ★★ Budget : ★★

Pour 6 personnes

- 250 g de farine
- 150 g de beurre mou
- 150 g de sucre glace
- 2 jaunes d'œufs
- 1 cuil. à soupe de lait
- 1 gousse de vanille
- 30 cl de crème fleurette
- 500 g de fraises de Plougastel
- 5 feuilles de menthe
- Sel

Creusez un puits dans la farine et déposez 125 g de beurre mou coupé en petits dés ainsi que 100 g de sucre glace.

Malaxez du bout des doigts puis ajoutez les jaunes d'œufs, le lait et une pincée de sel. Travaillez la pâte afin d'obtenir une texture sableuse.

Roulez la pâte en boule et enveloppez-la dans du film alimentaire et placez au frais au moins 2 heures.

Préchauffez le four à 210 °C (th. 7).

Étalez la pâte sablée puis déposez-la dans 6 moules à tartelette beurrés. Recouvrez chaque tartelette de haricots secs et enfournez 20 minutes pour une cuisson à blanc.

Démoulez les fonds de tartelette et laissez-les refroidir.

Fendez la gousse de vanille et ajoutez les graines à la crème fleurette bien froide. Fouettez-la en chantilly bien ferme puis ajoutez le sucre glace restant.

Versez la crème chantilly sur les fonds des tartelettes. Répartissez les fraises et décorez de menthe fraîche ciselée.

Tuiles aux amandes

Préparation : 30 minutes • Cuisson : 10 minutes • Difficulté : ★★ Budget : ★

Pour 30 biscuits

- **80 g de beurre**
- **100 g de sucre glace**
- **1 sachet de sucre vanillé**
- **3 blancs d'œufs**
- **120 g de farine de blé**
- **50 g d'amandes effilées**

Mélangez le beurre, le sucre glace et le sucre vanillé jusqu'à l'obtention d'une pommade.

Battez les blancs d'œufs au fouet mais sans les monter en neige puis incorporez-les au premier mélange. Ajoutez la farine tamisée en pluie et mélangez jusqu'à l'obtention d'une pâte homogène et fluide.

Avec une petite cuillère, déposez des disques de pâte sur une plaque recouverte de papier de cuisson et parsemez d'amandes effilées. Espacez suffisamment les biscuits car ils s'étalent à la cuisson.

Mettez au four 10 minutes à 180 °C (th. 6). Les tuiles doivent dorer en périphérie.

Dès la sortie du four, placez-les dans une gouttière (comme pour la cuisson des baguettes) ou sur un rouleau à pâtisserie, puis laissez refroidir.

Conseil : les tuiles durcissent rapidement, n'en cuisez pas plus de cinq ou six à la fois pour pouvoir les courber.

JUG CREAMER

EDITIONS ESI

100, rue Petit, 75019 Paris

Crédits recettes et photos :

p. 8-9, p. 14-15, p. 22-23, p. 24-25, p. 26-27, p. 28-29, p. 30-31, p. 32-33, p. 34-35, p. 36-37, p. 38-39, p. 40(2), p. 41(2), p. 42-43, p. 44-45, p. 46-47, p. 48-49, p. 50-51, p. 52-53, p. 54-55, p. 56-57, p. 58-59, p. 60-61, p. 62-63, p. 64-65, p. 66-67, p. 68-69, p. 70-71, p. 72-73, p. 74-75, p. 76-77, p. 78-79, p. 80-81, p. 82-83, p. 84-85, p. 86-87, p. 88-89, p. 90-91, p. 92-93, p. 94-95, p. 96-97, p. 98-99, p. 100-101, p. 102-103, p. 104-105, p. 106-107, p. 108-109, p. 110-111, p. 132-133, p. 134-135, p. 136-137, p. 138-139, p. 140-141, p. 142-143, p. 144-145, p. 146-147, p. 148-149, p. 150-151, p. 152(2), p. 153(2), p. 154-155, p. 156-157, p. 158-159, p. 160-161, p. 162-163, p. 164-165, p. 166-167, p. 168-169, p. 170-171, p. 172-173, p. 174-175, p. 178-179, p. 180-181, p. 182-183, p. 184-185, p. 186-187, p. 188-189, p. 192-193 : Sylvie Aït-Ali
p. 10-11, p. 16-17, p. 116-117 : Sophie Rohaut © Lenivitz production / Irina Sarnavska
p. 12-13 : Emmanuelle Evrard
p. 18-19 : Sandrine Coucke-Haddad pour Publicimo © Lenivitz production / Irina Sarnavska
p. 20-21, p. 118-119, p. 128-129 : MMP © Lenivitz production / Irina Sarnavska
p. 112-113, p. 120-121, p. 124-125, p. 126-127, p. 130-131 : MMP © Fotolia
p. 114-115 : Olivia Lancaster
p. 122(1), p. 123(2) : MMP
p. 122(2) : Coralie Salmeron
p. 176-177 : MMP © Sylvie Aït-Ali
p. 190-191 : Sophie Rohaut © Sylvie Aït-Ali

Imprimé par FINIDR à Cesky Tesin - République tchèque
© Éditions ESI - Dépôt légal : juillet 2014 - Achevé d'imprimer : juillet 2014 -
N° Sofedis : S550256 - ISBN : 978-2-8226-0340-9

Tous droits réservés pour tous pays.
« Toute représentation ou reproduction, intégrale ou partielle, faite sans le consentement de l'auteur, ou de ses ayants droit, ou ayants cause, est illicite » (article L.122-4 du code de la propriété intellectuelle). Cette représentation ou reproduction, par quelque procédé que ce soit, constituerait une contrefaçon sanctionnée par l'article L.335-2 du code de la propriété intellectuelle. Le code de la propriété intellectuelle n'autorise, aux termes de l'article L.122-5, que les copies ou les reproductions strictement réservées à l'usage privé du copiste et non destinées à une utilisation collective, d'une part, et, d'autre part, que les analyses et les courtes citations dans un but d'exemple et d'illustration.